Littérature et réalité

Présentation

Pour les écrivains du XVIIIe et XIXe siècle comme pour leurs lecteurs, le réalisme en littérature (même si le mot n'y est pas toujours) est un idéal : celui de la représentation fidèle du réel, celui du discours véridique, qui n'est pas un discours comme les autres mais la perfection vers laquelle doit tendre tout discours ; toute révolution littéraire s'accomplissait alors au nom d'une représentation encore plus fidèle de la « vie ». Pour les théoriciens de la littérature de la seconde moitié du XXe siècle, le réalisme est un style littéraire ni plus ni moins valorisé qu'un autre, dont il est possible de décrire les règles, comme pour n'importe quel discours, mais dont une des caractéristiques est un peu particulière : en lisant les œuvres réalistes, le lecteur doit avoir l'*impression* qu'il a affaire à un discours sans autre règle que celle de transcrire scrupuleusement le réel, de nous mettre en contact immédiat avec le monde tel qu'il est. Quelques-unes des plus importantes et des plus représentatives parmi les études consacrées récemment au réalisme se trouvent réunies dans le présent recueil ; elles sont suivies d'un bilan critique établi par Philippe Hamon.

Le réalisme est donc un discours parmi d'autres, qui ne dispose *a priori* d'aucun privilège. Mais, d'un point de vue historique, il occupe bien une place à part, puisqu'il a pu être maintenu, sous des formes diverses, au sommet de la hiérarchie des discours pendant une longue et décisive période de la littérature européenne, qui

déborde les deux siècles passés : on en trouve les
prémices dès la Renaissance, et surtout depuis le
XVIIe siècle ; et il se maintient solidement dans la
conscience de nos contemporains. Le réalisme est donc
coextensif et, on peut l'ajouter sans risque, consonant
au monde occidental moderne et à ses sociétés capitalis-
tes. S'interroger sur la nature du réalisme ou sur les
raisons de sa longue suprématie implique donc aussi une
analyse des grands courants idéologiques de l'histoire
récente.

Cette question est au centre des deux premières
études de notre recueil. Mais elles l'abordent de deux
points de vue opposés, ce qui fait que leurs résultats sont
complémentaires plutôt que simplement semblables. Ian
Watt se place dans l'optique de la littérature qui a
précédé l'expansion réaliste, et il saisit le mouvement à
sa naissance, chez Daniel Defoe, Richardson et Fielding ; le réalisme a ici partie liée avec l'idéologie
individualiste, avec le rejet des universaux et la particularisation du temps et de l'espace. Leo Bersani, lui, se
place plutôt en fin de parcours et analyse le phénomène
du réalisme à partir de la littérature qui l'a suivi, au
XXe siècle ; ses exemples proviennent du siècle précédent : ce sont les œuvres de Stendhal, Tolstoï, Henry
James. Le trait dominant ici est la cohérence, avec son
corrélat obligé, la « pan-signification » : face au désordre
social, on veut créer une hiérarchie surstructurée, une
totalité harmonieuse et intelligible. Ces deux caractéristiques majeures du réalisme, la valorisation du particulier et celle de la cohérence, ne sont pas incompatibles
entre elles ; mais, si l'on tient compte du poste d'observation choisi ici et là, on ne sera pas étonné de trouver
que l'une des images du réalisme est plus euphorique
que l'autre.

Ces deux études conduisent de front analyse idéologique et analyse des formes. Il en va de même de la
troisième étude du recueil, celle de Roland Barthes ;

mais son objet est différent. Le réalisme, on l'a vu, n'est pas seulement un discours aussi particulier et aussi réglé que les autres ; l'une de ses règles a un statut bien singulier : elle a pour effet de dissimuler toute règle et de nous donner l'impression que le discours est en lui-même parfaitement transparent, autant dire inexistant, et que nous avons affaire à du vécu brut, à une « tranche de vie ». Le réalisme est un type de discours qui voudrait se faire passer pour un autre ; un discours dont l'être et le paraître ne coïncident pas. D'où, toujours, deux séries de définitions de la littérature réaliste, selon qu'on décrit son intention explicite (un discours sans règle qui se contente de transmettre le réel) ou son fonctionnement effectif (un discours fondé sur la particularisation et la cohérence, qui n'a donc de « réaliste » que le nom). Roland Barthes démonte l'un des principaux procédés par lesquels ce discours cache sa propre nature : c'est le détail inutile (dont George Orwell avait déjà fait l'autopsie), exception apparente à la pan-signification réaliste, qui porte en fait un message essentiel : celui d'une « authentification » de tout le reste.

Le style réaliste, caractéristique d'un temps et d'un lieu, n'épuise pas la problématique de la représentation du monde en littérature ; mais il l'illustre de façon exemplaire. C'est à cette problématique plus générale que s'attache la quatrième étude recueillie ici ; Michael Riffaterre ne part, du reste, plus du roman, comme les auteurs précédents, mais du poème, genre sans prétention réaliste mais qui participe de la représentation — ou plutôt, selon Riffaterre, qui voudrait le faire croire au lecteur, alors qu'en réalité il cache le jeu souverain de ses éléments constitutifs derrière une « illusion référentielle ». On aboutit ici à une thèse diamétralement opposée à celle qui avait généralement cours aux siècles passés : non seulement la littérature (idéale) n'est pas une représentation ïidèle et transparente du monde, mais elle n'est même plus cette espèce de représentation que décrivaient Watt et Bersani, partielle et réglée certes, mais représentation quand même ; elle n'est qu'agencement et surdétermination interne, elle ne parle de rien — mais elle dissimule ce silence sous le bruit de sa vraisemblance.

Les interprétations du réalisme sont elles-mêmes sujettes à interprétation, et leur critique de l'idéologie réaliste est faite depuis une position idéologique particulière ; telles des œuvres réalistes, plutôt que de nous dire *la* vérité, elles renouvellent le dialogue des textes et incitent à sa poursuite.

                                                      T.T.

IAN WATT

Réalisme et forme romanesque*

Il n'y a pas encore de réponses entièrement satisfaisantes aux nombreuses questions d'ordre général qu'on est susceptible de poser dès qu'on s'intéresse aux romanciers du début du XVIIIᵉ siècle et à leurs œuvres : le roman est-il une forme littéraire nouvelle ? Et, si nous présumons qu'il en est bien ainsi, comme on le fait habituellement, et que le roman commence avec Defoe, Richardson et Fielding, en quoi diffère-t-il des œuvres de fiction en prose qui existent dans le passé, par exemple en Grèce, ou au Moyen Age, ou au XVIIᵉ siècle en France ? Et y a-t-il une raison pour que ces différences aient apparu en tel lieu et à tel moment ?

Il n'est jamais facile d'aborder des questions aussi vastes, encore moins d'y répondre : dans le cas présent, elles sont particulièrement difficiles, car Defoe, Richardson et Fielding ne constituent pas une école littéraire au sens habituel. En effet leurs œuvres présentent si peu de signes d'influence réciproque et sont de nature si différente que, à première vue, notre curiosité concernant la naissance du roman semble n'avoir aucune chance d'aboutir à une réponse plus consistante que celle apportée par les mots « génie » et « accident » — les deux faces de Janus qui marquent les limites de l'histoire

* Ce texte constitue le premier chapitre du livre *The Rise of the Novel* (Londres, Chatto and Windus, 1957). Traduit et publié avec l'autorisation de l'éditeur et de l'auteur originellement dans *Poétique*, 16, novembre 1973.

littéraire. Bien sûr, nous ne pouvons pas nous passer de ces termes, mais aussi bien nous ne pouvons pas en tirer grand-chose. Par conséquent notre recherche actuelle prend une autre direction : supposant que l'apparition de nos trois premiers romanciers dans une même génération n'est vraisemblablement pas un pur accident, et que leur génie n'aurait pu créer cette forme nouvelle si les conditions de l'époque n'avaient été favorables également, nous cherchons à découvrir quelles étaient ces conditions favorables dans la situation sociale et littéraire, et par quels moyens Defoe, Richardson et Fielding en firent leur profit.

Pour cet examen, nous avons besoin tout d'abord d'une définition pratique des caractères du roman — une définition suffisamment étroite pour exclure les types de narration précédents, et cependant assez large pour qu'elle s'applique à tout ce qui est habituellement rangé dans la catégorie du roman. Ici, les romanciers eux-mêmes ne nous aident guère. Il est vrai que Richardson et Fielding se voyaient comme les fondateurs d'un nouveau genre d'écriture, et que tous deux considéraient leur œuvre comme impliquant une rupture avec la forme romancée d'autrefois ; mais ni eux ni leurs contemporains ne nous fournissent une caractéristique du genre nouveau telle que nous en avons besoin ; en effet ils n'ont pas même consacré le changement de nature qu'ils imposaient à leur fiction en y faisant correspondre un changement dans la terminologie — notre emploi du terme *roman (novel* vs. *romance)* ne fut pleinement établi qu'à la fin du XVIIIᵉ siècle.

Grâce à une perspective élargie, les historiens du roman ont pu faire beaucoup plus pour déterminer les traits idiosyncrasiques de la forme romanesque. En un mot, ils ont considéré le « réalisme » comme le caractère déterminant qui distingue les ouvrages des romanciers du début du XVIIIᵉ siècle des œuvres de fiction précédentes. Par rapport à une telle description — qui porte sur des écrivains par ailleurs différents, mais comparables du point de vue de cette qualification de « réalisme » —, on doit certainement faire une première réserve : le terme lui-même exige une explication supplémentaire, pour cette simple raison que son emploi, sans autre précision, comme caractère déterminant du roman pourrait suggérer de manière injuste que tous les écrivains et les formes littéraires antérieurs recherchaient le non-réel.

Les critiques associent principalement le terme « réalisme » à l'école réaliste française. « Réalisme » fut apparemment employé pour la première fois comme désignation esthétique en 1835 pour indiquer « la vérité humaine » de Rembrandt en opposition à « l'idéalité poétique » de la peinture néo-classique ; il fut consacré plus tard comme terme spécifiquement littéraire par la création en 1856 de *Réalisme,* journal édité par Duranty [1].

Malheureusement, le mot perdit beaucoup de sa raison d'être dans les controverses acerbes sur les sujets « triviaux » et les tendances prétendues immorales de Flaubert et de ses successeurs. Le résultat fut que l'on en vint à employer « réalisme » principalement comme le contraire d'« idéalisme » ; et cette signification, qui est en réalité le reflet de la position prise par les ennemis des réalistes français, a en fait dénaturé de nombreux écrits historiques et critiques sur le roman. La préhistoire du genre a été considérée généralement comme simple matière à établir une continuité entre toutes les œuvres précédentes de fiction qui décrivaient une vie triviale : l'histoire de la matrone d'Ephèse est « réaliste », parce qu'elle montre que l'appétit sexuel est plus fort que le chagrin conjugal ; le fabliau et le récit picaresque sont « réalistes », parce que les motivations économiques et sensuelles ont une place d'honneur dans leur représentation du comportement humain. Au nom du même principe implicite, les romanciers anglais du XVIIIᵉ siècle, en même temps que Furetière, Scarron et Lesage en

France, sont considérés comme le point culminant qui résulte de cette tradition : le « réalisme » des romans de Defoe, Richardson et Fielding est étroitement associé au fait que Moll Flanders est une voleuse, Pamela une hypocrite et Tom Jones un fornicateur.

Cet emploi de « réalisme » a pourtant le grave défaut de rendre obscur ce qui est probablement le trait le plus original de la forme du roman. Si le roman éait réaliste uniquement parce qu'il voit la vie dans ses « dessous », il ne serait qu'un « roman » (au sens ancien) inversé ; mais en fait il tente sans aucun doute de dépeindre toutes les variétés de l'expérience humaine, et pas seulement celles qui conviennent à un point de vue littéraire particulier : le réalisme du roman ne réside pas dans le genre de vie qu'il représente, mais dans la manière dont il le fait.

Cela est évidemment très proche de la position des réalistes français eux-mêmes, qui affirmaient que si leurs romans tendaient à se distinguer des images plus flatteuses de l'humanité présentées par de nombreux codes établis, éthiques, sociaux et littéraires, c'était seulement parce qu'ils provenaient d'un examen minutieux de la vie, le plus impartial et le plus scientifique qui ait jamais été tenté. Il n'est nullement certain que cet idéal d'objectivité scientifique soit souhaitable, et il ne peut sûrement pas être réalisé pratiquement. Il est néanmoins très significatif que, dans le premier effort soutenu du nouveau genre pour atteindre à la conscience critique de ses buts et de ses méthodes, les réalistes français aient attiré l'attention sur une question que le roman soulève de manière plus aiguë que toute autre forme littéraire — le problème de la correspondance entre l'œuvre littéraire et la réalité qu'elle imite. C'est essentiellement un problème épistémologique ; par conséquent, il paraît vraisemblable que la nature du réalisme romanesque, tant au début du XVIIIe siècle que plus tard, peut être éclaircie dans les meilleures conditions si nous recourons à ceux qui ont affaire professionnellement avec l'analyse des concepts, les philosophes.

I

Par un paradoxe qui ne surprendra que le néophyte, le terme « réalisme » en philosophie s'applique en toute rigueur à une vision de la réalité diamétralement opposée à celle de l'usage commun. C'est la vision des réalistes scolastiques du Moyen Age : les universaux, classes ou abstractions, et non les objets particuliers ou concrets de la perception des sens, seraient les vraies « réalités ». A première vue, cela ne paraît d'aucune aide, puisque dans le roman, plus que dans tout autre genre, les vérités générales existent seulement *post res ;* mais le très étrange point de vue du réalisme scolastique sert du moins à attirer l'attention sur un caractère du roman qui correspond au changement de signification philosophique du mot « réalisme » aujourd'hui : le roman a surgi à l'époque moderne, époque dont l'orientation intellectuelle générale était en rupture complète avec son héritage classique et médiéval, en tant qu'elle rejetait, ou du moins tentait de rejeter, les universaux [2].

Le réalisme moderne part évidemment de la proposition que la vérité peut être découverte par l'individu à l'aide de ses sens : cette idée à ses origines chez Descartes et Locke, et a été pleinement formulée pour la première fois par Thomas Reid au milieu du XVIIIe siècle [3]. Mais, que le monde extérieur soit réel, et que nos sens nous en donnent un compte rendu vrai, ne jette guère de lumière sur le réalisme littéraire. En effet chacun, ou presque, à toutes les époques et par sa propre expérience, a d'une manière ou d'une autre abouti nécessairement à une telle conclusion sur le monde extérieur, et la littérature s'est toujours laissée aller dans

une certaine mesure à la même naïveté épistémologique.
En outre, les dogmes distinctifs de l'épistémologie réaliste, et les controverses qui leur sont liées, sont pour la
plupart d'une nature beaucoup trop spécialisée pour se
rapporter à la littérature. Ce qui importe au roman dans
le réalisme philosophique est beaucoup moins spécifique ; c'est plutôt l'état d'esprit général de la pensée
réaliste, les méthodes de recherche qu'elle a employées,
et les genres de problèmes qu'elle a soulevés.

L'état d'esprit général du réalisme philosophique a été
critique, antitraditionnel et novateur ; sa méthode a été
l'étude des particularités de l'expérience, menée par le
chercheur individuel qui, au moins en droit, est affranchi
du corps des hypothèses passées et des croyances traditionnelles. Et cette méthode a conféré une importante
particulière à la sémantique et au problème de la nature
de la correspondance entre les mots et la réalité. Tous
ces traits du réalisme philosophique ont des analogies
avec les traits distinctifs de la forme du roman, analogies
qui attirent l'attention sur le genre de correspondance
entre la vie et la littérature, prédominant dans les œuvres
de fiction en prose depuis les romans de Defoe et de
Richardson.

a) La grandeur de Descartes fut d'abord dans la
méthode, dans la profondeur de sa détermination à ne
rien accepter sans examen ; le *Discours de la méthode* et
les *Méditations* ont fait beaucoup pour déterminer le
principe moderne selon lequel la recherche de la vérité
est conçue comme une matière absolument individuelle,
logiquement indépendante de la tradition de pensée
antérieure, et comme ayant plus de chances effectivement de réussir par un nouveau départ en rupture avec
cette tradition.

Le roman est la forme de littérature qui reflète le plus
parfaitement cette réorientation individualiste et nova-
trice. Les formes littéraires précédentes avaient reflété la

tendance générale de leurs cultures, qui faisaient de la conformité à l'usage traditionnel l'épreuve principale de la vérité : le sujet *(plot)* des poèmes épiques classiques et de la Renaissance, par exemple, reposait sur le passé historique ou la fable, et la manière de l'auteur était appréciée, dans une large mesure, d'après l'idée qu'on se faisait d'une convenance littéraire dérivée des modèles préétablis dans le genre. Ce traditionalisme littéraire fut contesté pour la première fois dans toute son ampleur par le roman, dont le critère principal était la vérité par rapport à l'expérience individuelle — expérience individuelle toujours unique et par conséquent nouvelle. Le roman est ainsi le véhicule littéraire logique d'une culture qui, dans les siècles derniers, a accordé une valeur sans précédent à l'originalité, à la nouveauté ; ce pourquoi le roman est bien nommé *novel*.

Cet accent mis sur la nouveauté explique certaines des difficultés que présente le roman, selon l'avis général des critiques. Quand nous jugeons une œuvre dans un autre genre, il est souvent important et parfois essentiel d'en reconnaître les modèles littéraires ; notre évaluation dépend en grande partie de notre analyse de l'habileté de l'auteur à manier les conventions formelles appropriées. Mais, de l'autre côté, il est sûrement très fâcheux pour un roman d'être en quelque façon une imitation d'un autre ouvrage littéraire. Et la raison semble en être : puisque la tâche première du romancier est de transmettre l'impression de fidélité par rapport à l'expérience humaine, le respect de toute convention formelle préétablie ne peut que porter atteinte au succès de son entreprise. Ce qui est ressenti souvent comme l'absence de forme du roman, comparé, disons, à la tragédie ou à l'ode, vient probablement de ceci : la pauvreté des conventions formelles du roman serait le prix qu'il doit payer pour son réalisme.

Mais l'absence de conventions formelles dans le roman a beaucoup moins d'importance que le rejet des sujets traditionnels. Le sujet n'est évidemment pas simple affaire de matière, et le degré de son originalité ou non n'est jamais facile à déterminer ; néanmoins, une comparaison large et nécessairement sommaire entre le roman et les formes littéraires précédentes révèle une différence importante : Defoe et Richardson sont les premiers grands écrivains de la littérature anglaise qui n'empruntent pas leurs sujets à la mythologie, l'histoire, la légende ou la littérature précédente. En cela ils diffèrent de Chaucer, Spenser, Shakespeare et Milton, par exemple, qui, comme les écrivains de Grèce et de Rome, se servirent habituellement de sujets traditionnels, et qui agirent ainsi, en dernière analyse, parce qu'ils acceptaient le principe général de leur époque : la Nature étant par essence achevée et immuable, ses archives, scripturales, légendaires ou historiques, constituent un répertoire définitif de l'expérience humaine.

Ce point de vue s'est maintenu jusqu'au XIXe siècle ; les adversaires de Balzac, par exemple, s'en servirent pour railler son souci de la réalité contemporaine, à leurs yeux éphémère. Mais, à la même époque, et depuis la Renaissance, il y avait une tendance de plus en plus forte pour remplacer la tradition collective par l'expérience individuelle, comme ultime arbitre de la réalité ; et ce transfert semble avoir eu un rôle important dans l'arrière-fond culturel général de la naissance du roman.

Il est significatif que le courant en faveur de l'originalité se soit puissamment exprimé pour la première fois en Angleterre, et au XVIIIe siècle. Le mot « original » lui-même a pris à cette époque sa signification moderne, par une inversion sémantique qui correspond au changement de sens de « réalisme ». Nous avons vu que, à partir de la croyance médiévale en la réalité des universaux, « réalisme » en était arrivé à signifier la croyance en une appréhension individuelle de la réalité par les sens ; de la même manière, le terme « original », qui au Moyen Age avait signifié « ayant existé depuis le début », en vint à vouloir dire « non dérivé, indépendant, de première main ». Et au moment même où Edouard Young, dans son ouvrage qui fit époque *Conjectures on Original Composition* (1759), saluait Richardson comme « un génie aussi moral qu'original [4] », le mot pouvait être employé comme terme élogieux, au sens de « nouveauté ou fraîcheur de caractère ou de style ».

Que le roman ait employé des sujets non traditionnels, c'est une manifestation de la même tendance, plus précoce et sans doute autonome. Quand Defoe, par exemple, a commencé à écrire des œuvres de fiction, il prêta peu d'attention à la théorie critique dominante de l'époque, encore encline à l'usage de sujets traditionnels ; à la place, il laissa simplement l'ordre de sa narration se dérouler selon son propre sentiment de la suite plausible des actions de ses protagonistes. En procédant ainsi, Defoe fut à l'origine d'une nouvelle tendance importante dans l'œuvre de fiction : la totale soumission du sujet au modèle des mémoires autobiographiques est une affirmation de la primauté de l'expérience individuelle aussi provocante que l'était le *cogito* de Descartes pour la philosophie.

Après Defoe, Richardson et Fielding continuèrent à leur manière très différente ce qui devait devenir la pratique habituelle du roman, l'emploi de sujets non traditionnels, soit complètement inventés, soit partiellement fondés sur un événement contemporain. On ne peut affirmer qu'aucun d'eux ait parfaitement réalisé cette interpénétration du sujet, du caractère des personnages et du thème moral émergent, que l'on trouve dans les plus hauts exemples de l'art du roman. Mais on doit se souvenir que la tâche n'était pas facile, en particulier à une époque où la seule voie possible pour l'imagination de l'écrivain consistait à mettre en valeur un modèle individuel et une signification contemporaine à partir d'un sujet qui n'était pas lui-même nouveau.

b) Outre le sujet, bien des choses devaient être changées dans la tradition de la fiction avant que le roman puisse s'approprier l'appréhension individuelle de la réalité, aussi librement que la méthode de Descartes et de Locke avait permis à leur pensée de se développer à partir des données immédiates de la conscience. Pour commencer, les personnages de l'histoire et la scène de leurs actions devaient être situés dans une perspective littéraire nouvelle : l'intrigue devait se jouer entre individus particuliers, dans des circonstances particulières, contrairement à ce qui se passait d'habitude autrefois, où des types généraux d'humanité se détachaient sur un fond déterminé d'avance par une convention littéraire appropriée.

Ce changement dans la littérature correspondait au rejet des universaux et à l'importance accordée aux particuliers, qui caractérisent le réalisme philosophique. Aristote aurait adhéré à la première proposition de Locke, disant que c'étaient les sens qui « menaient d'abord aux idées particulières et meublaient la pièce vide de l'esprit [5] ». Mais il aurait continué en insistant sur ceci, que l'examen minutieux des cas particuliers avait peu de valeur en lui-même ; la véritable tâche intellectuelle de l'homme étant de rallier ses forces en face du flux de sensations qui n'a pas de sens et d'atteindre à la connaissance des universaux qui constituent seuls l'ultime et immuable réalité [6]. C'est cette insistance généralisatrice qui donne à presque toute la pensée occidentale jusqu'au XVIIe siècle une ressemblance spécifique assez forte pour l'emporter sur les différences de toute nature qu'elle présente. De la même manière, quand le Philonous de Berkeley affirmait en 1713 : « C'est une maxime universellement reconnue que *toute chose qui existe est particulière* [7] », il formulait la tendance moderne opposée qui, à son tour, donne à la pensée moderne depuis Descartes une certaine unité de conception et de méthode.

Ici encore, à la fois les nouveaux courants philosophiques et les caractéristiques formelles du roman qui leur correspondent étaient en opposition avec la conception littéraire dominante. Car la tradition critique du début du XVIIIᵉ siècle était encore soumise à une forte préférence classique pour le général et l'universel : le véritable objet de la littérature demeurait *quod semper quod ubique ab omnibus creditum est*. Cette préférence était particulièrement visible dans la tendance néo-platonicienne, qui avait été puissante dans le roman au sens ancien *(romance)*, et qui prenait une importance grandissante dans la critique littéraire et dans l'esthétique en général. Shaftesbury, par exemple, dans son *Essay on the Freedom of Wit and Humour* (1709), exprimait avec force l'aversion de cette école de pensée pour la particularité en art et en littérature : « Il y a assez de variété dans la Nature pour distinguer chaque chose qu'elle forme, par un caractère original *particulier ;* règle qui, observée en toute rigueur, fera apparaître le sujet comme différent de toute chose existant à côté dans le monde. Mais cet effet, le bon poète et le bon peintre cherchent assidûment à l'éviter. Ils ont horreur de la *minutie,* et peur de la *singularité*[8]. » Il poursuivait : « Le simple portraitiste a vraiment peu en commun avec le poète ; mais, comme le simple historien, il copie ce qu'il voit, et trace minutieusement chaque trait, chaque bizarrerie particulière », et il concluait avec assurance : « Il en va autrement avec les hommes capables de dessein et d'invention. »

Cependant, en dépit de l'attirante finalité de Shaftesbury, une tendance esthétique opposée en faveur de la particularité commença bientôt à s'imposer, qui résultait pour beaucoup de l'application aux problèmes littéraires de l'approche psychologique de Hobbes et de Locke. Lord Kames fut peut-être le premier et le plus net porte-parole de cette tendance. Dans ses *Elements of Criticism* (1762), il déclarait que « les termes abstraits ou généraux ne font pas bon effet dans une composition qui se propose de divertir ; car les images ne peuvent se former qu'à partir d'objets particuliers [9] » ; et Kames poursuivait en affirmant que, contrairement à l'opinion générale, l'attrait de Shakespeare réside dans le fait que « chaque point de ses descriptions est particulier, comme dans la Nature ».

A cet égard, de même que pour le thème de l'originalité, Defoe et Richardson donnèrent à la forme du roman son orientation spécifique bien avant qu'elle pût compter sur un soutien quelconque de la part de la théorie critique. Tout le monde ne partagera pas l'avis de Kames selon lequel « chaque point » des descriptions de Shakespeare est particulier ; mais la particularité de la description a toujours été considérée comme caractéristique de la manière narrative de *Robinson Crusoe* et de *Pamela*. Le premier biographe de Richardson, Mrs. Barbauld, a en effet décrit le génie de celui-ci en des termes analogues à ceux qui ont toujours figuré dans la controverse entre la généralité néo-classique et la particularité réaliste. Joshua Reynolds, par exemple, exprimait son orthodoxie néo-classique en préférant « les idées grandes et générales » de la peinture italienne à « la vérité littérale et... l'exactitude minutieuse du détail de nature dans ses modifications accidentelles » de l'école hollandaise [10] ; tandis que les réalistes français, comme il faut le rappeler, se sont conformés à la « vérité humaine » de Rembrandt plutôt qu'à « l'idéalité poétique » de l'école classique. Mrs. Barbauld a très exactement montré la position de Richardson dans ce conflit, quand elle écrivit qu'il avait « la précision dans le fini d'un peintre hollandais... satisfait de produire des effets par le travail patient de la minutie [11] ». En fait, lui-même et Defoe étaient tous deux indifférents au mépris de Shaftesbury et, comme Rembrandt, se contentaient d'être « de simples portraitistes et historiens ».

Le concept de particularité réaliste en littérature est

lui-même un peu trop général pour faire l'objet d'une démonstration concrète ; pour qu'une telle démonstration soit possible, les rapports de la particularité réaliste à certains aspects spécifiques de la technique narrative doivent être d'abord établis. Deux de ces aspects évoquent d'eux-mêmes leur importance spéciale dans le roman — la *caractérisation* et la présentation de l'*arrière-fond* : on distingue avec certitude le roman des autres genres et des formes antérieures de fiction par la quantité d'attention qu'il accorde habituellement à l'individualisation des personnages et à la présentation détaillée de leur environnement.

c) Philosophiquement, la voie d'individuation qui conduit au personnage se ramène au problème de la définition de la personne individuelle. Une fois que Descartes eut montré l'extrême importance du processus de pensée dans la conscience de l'individu, les problèmes philosophiques se rapportant à l'identité personnelle ont naturellement suscité beaucoup l'attention. En Angleterre par exemple, Locke, l'évêque Butler, Berkeley, Hume et Reid ont tous débattu de la question, et la polémique a même gagné les pages du *Spectator* [12].

Ici le parallèle est évident entre la tradition de la pensée réaliste et les innovations formelles des premiers romanciers : philosophes et romanciers à la fois ont prêté plus d'attention à l'individu particulier qu'il n'était coutume de le faire auparavant. Mais, dans le roman, le grand souci d'individualiser le personnage est lui-même une question si vaste que nous n'allons considérer qu'un de ses aspects les plus faciles : la façon typique dont un romancier annonce son intention de représenter un personnage comme un individu particulier en le nommant exactement de la même manière que les individus particuliers sont nommés dans la vie courante.

Logiquement, le problème de l'identité individuelle est en rapport étroit avec le statut épistémologique des noms propres ; car, comme dit Hobbes : « Les noms propres n'évoquent qu'une seule chose ; les universaux rappellent un terme quelconque d'un ensemble [13]. » Les noms propres ont exactement la même fonction dans la vie sociale : ils sont l'expression verbale de l'identité particulière de chaque personne individuelle. En littérature, cependant, cette fonction des noms propres a été vraiment instaurée pour la première fois dans le roman.

Bien sûr, dans les formes antérieures de littérature, les personnages avaient habituellement des noms propres ; mais le genre de noms effectivement employés montrait que l'autur n'essayait pas de camper ses personnages comme des entités totalement individualisées. Les préceptes de la littérature classique et de la Renaissance étaient en accord avec la pratique de leur littérature, qui préférait soit des noms historiques, soit des noms types. Dans ce cas, les noms plaçaient les personnages dans le contexte d'un vaste ensemble de déterminations prévisibles issues de la littérature passée, plutôt que dans celui de la vie contemporaine. Même dans la comédie, où les personnages ne sont généralement pas historiques, mais inventés, les noms étaient censés être « caractéristiques », comme nous le dit Aristote [14], et ils ont eu tendance à le demeurer longtemps après la naissance du roman.

Les genres plus anciens de fiction en prose avaient eu également tendance à se servir de noms propres caractéristiques, ou non particuliers et irréalistes d'une certaine manière. Tantôt ces noms, comme chez Rabelais, Sidney ou Bunyan, indiquaient des qualités particulières ; tantôt, comme chez Lyly, Aphra Behn ou Mrs. Manley, ils impliquaient des références étrangères, archaïques ou littéraires qui excluaient toute évocation de la vie réelle et contemporaine. L'orientation conventionnelle en toute littérature de ces noms propres était encore confirmée par le fait qu'il n'y en avait habituellement qu'un seul — Mr. Badman ou Euphues ; contrairement à tout un chacun dans la vie ordinaire, les personnages de fiction ne possédaient pas à la fois un nom et un prénom.

Les premiers romanciers ont rompu avec la tradition de manière extrêmement significative, baptisant leurs personnages de façon à suggérer qu'on devait les considérer comme des individus particuliers dans le milieu social contemporain. Chez Defoe, l'emploi des noms propres est fortuit et parfois contradictoire ; mais il ne donne que très rarement des noms conventionnels ou fantaisistes — une exception possible, Roxana, est un pseudonyme qui s'explique parfaitement ; et la plupart des protagonistes comme Robinson Crusoé ou Moll Flanders portent des noms complets et réalistes, ou bien des pseudonymes. Richardson suit cette technique, mais avec plus de soin, et donne à ses personnages principaux, ainsi qu'à la plupart des moindres, à la fois un nom et un prénom. Il affronte également un problème mineur, mais non sans importance dans l'écriture romanesque, celui de trouver des noms subtilement appropriés et suggestifs, qui ne résonnent pas moins comme des noms réalistes courants. C'est ainsi que les connotations romanesques du nom Pamela restent sous le contrôle du nom de famille banal Andrews ; Clarissa Harlowe et Robert Lovelace sont à maints égards judicieusement nommés ; et en effet presque tous les noms propres chez Richardson, depuis Mrs. *Sin*clair jusqu'à Sir Charles *Grand*ison, sonnent authentique et sont cependant appropriés à la personnalité de ceux qui les portent.

Fielding, ainsi qu'un critique contemporain anonyme l'a signalé, baptisait ses personnages « non pas de noms fantastiques et retentissants, mais tels qu'ils aient une désinence plus moderne, tout en se référant quelque peu parfois au caractère de ces personnages [15] ». Certes, des noms comme Heartfree, Allworthy et Square sont des versions modernisées de noms types, bien qu'ils soient à

peine croyables ; même Western ou Tom Jones suggèrent très vivement que Fielding se souciait autant du type
général que de l'individu particulier. Cela pourtant ne
contredit pas notre thèse, car il ne fait aucun doute que,
chez Fielding, la dénomination habituelle de ses personnages, et d'ailleurs leur description tout entière, marquent une dérogation au traitement ordinaire de ces
matières dans le roman. Non pas, comme nous l'avons
vu dans le cas de Richardson, que le roman doive éviter
d'employer des noms propres dans un rapport approprié
au caractère des personnages ; mais cette convenance ne
doit pas être de nature à altérer la fonction première du
nom : symboliser le fait que le personnage doit être vu
comme une personne particulière et non pas comme un
type.

En vérité, Fielding semble l'avoir compris quand il se
mit à écrire son dernier roman, *Amelia :* là, sa préférence néo-classique pour les noms types n'a trouvé à
s'exprimer que dans des personnages mineurs comme
Justice Thrasher et Bondum le bailli ; et tous les personnages principaux — les Booths, Miss Matthews, le
Dr. Harrison, le colonel James, le sergent Atkinson, le
capitaine Trent et Mrs. Bennett par exemple — portent
des noms contemporains et ordinaires. Il y a en effet
quelque chance pour que Fielding, comme certains
romanciers modernes, ait pris ces noms un peu au hasard
à partir d'un répertoire imprimé de personnes contem-
poraines — tous les noms cités plus haut font partie
d'une liste de souscripteurs à l'édition in-folio de 1724 du
livre de Gilbert Burnet, *History of his Own Time,*
édition que l'on sait avoir été en possession de Fielding [16].

Quoi qu'il en soit, il est certain que Fielding a fait des
concessions importantes et grandissantes à la coutume
instaurée par Defoe et Richardson consistant à baptiser
les personnages de noms propres contemporains ordinaires. Bien que cette coutume n'ait pas toujours été suivie

par certains romanciers de la fin du XVIIIᵉ siècle, tels Smollett et Sterne, elle fut plus tard consacrée comme faisant partie de la tradition formelle du roman ; et, comme Henry James le soulignait à propos de Mr. Quiverful (M. Carquoisplein) [17], le fécond recteur de Trollope, le romancier ne peut rompre avec la tradition qu'en détruisant la foi du lecteur dans la réalité littérale du personnage en question.

d) Locke avait défini l'identité personnelle comme une identité de conscience à travers une étendue de temps ; l'individu était en contact avec sa propre identité continue par l'intermédiaire du souvenir de ses pensées et actions passées [18]. Cette localisation de la source de l'identité personnelle dans le répertoire des souvenirs a été reprise par Hume : « Si nous n'avions pas de mémoire, nous n'aurions jamais eu la moindre notion de la cause, ni par conséquent de cette chaîne de causes et d'effets qui constitue notre moi ou notre personne [19]. » Un tel point de vue est caractéristique du roman ; de nombreux romanciers, de Sterne à Proust, ont pris pour objet l'exploration de la personnalité, en tant qu'elle se définit par l'interprétation du passé et du futur dans la conscience de soi.

Le temps est une catégorie essentielle, d'un autre point de vue, plus extérieur, concernant le problème d'une définition de l'individualité d'un objet quelconque. Le « principe d'individuation » admis par Locke était celui de l'existence en un point particulier de l'espace et du temps : puisque « les idées, disait-il, deviennent générales quand on les détache des conditions spatio-temporelles [20] », elles ne deviennent donc particulières que lorsque ces deux conditions sont spécifiées. De la même manière, les personnages du roman ne peuvent être individualisés que si on les situe dans un arrière-fond d'espace et de temps déterminés.

La philosophie et la littérature de Grèce et de Rome

étaient toutes deux profondément influencées par la vision de Platon d'après laquelle les Formes ou les Idées étaient les réalités ultimes derrière les objets concrets du monde temporel. Ces formes étaient conçues comme éternelles et immuables [21], et reflétaient ainsi la prémisse de base de leur culture en général : rien n'arrivait ou ne pouvait arriver dont le sens fondamental ne fût indépendant de l'écoulement du temps. Cette prémisse est diamétralement opposée au concept qui s'est imposé depuis la Renaissance, et qui considère le temps, non seulement comme une dimension décisive du monde physique, mais encore comme la force dirigeante de l'histoire individuelle et collective de l'homme.

Le roman ne symbolise jamais autant notre civilisation que quand il reflète cette orientation caractéristique de la pensée moderne. E. M. Forster considère la description de la « vie en termes de temps » comme le thème spécifique que le roman a ajouté aux préoccupations plus anciennes de la littérature, qui décrivaient la « vie en termes de valeurs [22] » ; en ce qui concerne la naissance du roman, Spengler percevait le besoin que l'homme moderne « ultra-historique » avait d'une forme littéraire apte à traiter la « vie dans sa totalité [23] », et plus récemment Northrop Frye a vu « l'alliance du temps et de l'homme occidental » comme le caractère déterminant du roman comparé aux autres genres [24].

Nous avons déjà considéré sous un de ses aspects l'importance que le roman assigne à la dimension du temps : sa rupture avec la tradition littéraire antérieure qui consistait à se servir d'histoires intemporelles comme miroir d'immuables vérités morales. L'intrigue du roman le distingue aussi de la fiction précédente, puisqu'elle traite l'expérience passée comme cause de l'action présente : une connexion causale fonctionnant à travers le temps remplace les déguisements et les coïncidences auxquels se fiaient les récits d'autrefois — ce qui tend à donner au roman une structure beaucoup plus cohérente. Mais ce qui, peut-être, a un effet encore plus important pour la spécification du roman, c'est son insistance sur le processus temporel. L'exemple extrême le plus évident en est le roman « courant de conscience », qui se propose de présenter un enregistrement direct de ce qui se passe dans l'esprit de l'individu sous l'impact du flux temporel ; mais le roman dans sa généralité s'est intéressé, plus que toute autre forme littéraire, à l'évolution des personnages dans le cours du temps. Finalement, la description détaillée des préoccupations de la vie quotidienne, telle qu'on la trouve dans le roman, est liée à son emprise sur la dimension temporelle : T.H. Green a remarqué qu'une grande partie de la vie humaine avait tendance à échapper à la représentation littéraire, ne serait-ce qu'en vertu de sa lenteur [25] ; le lien étroit entre le roman et la texture de la vie quotidienne dépend directement de l'usage d'une échelle temporelle infiniment mieux graduée que celle dont on se servait dans les récits précédents.

Le rôle du temps dans la littérature antique, médiévale et de la Renaissance est certainement très différent de celui qu'il a dans le roman. Dans la tragédie, la restriction de l'action à vingt-quatre heures par exemple, la célèbre unité de temps, consiste en réalité à dénier toute importance à la dimension temporelle dans la vie humaine ; car, en accord avec la vision du monde classique où les universaux intemporels constituent la réalité, cette restriction implique que la vérité concernant l'existence peut se dévoiler aussi complètement dans l'espace d'une journée qu'au cours d'une vie tout entière. Les personnalisations du temps non moins célèbres, telles que le char ailé ou la sinistre faucheuse, révèlent une conception semblable en son essence. Elles concentrent l'attention, non sur le flux du temps, mais sur le fait suprêmement intemporel de la mort ; leur rôle est de nous faire surmonter notre conscience de la vie quotidienne afin de nous préparer à faire face à l'éternité. Ces deux personnalisations sont du même genre que la doctrine de l'unité de temps, en ceci qu'elles sont fondamentalement anhistoriques et témoignent dès lors de la très faible importance accordée à la dimension temporelle dans la majeure partie de la littérature précédant le roman.

Pour Shakespeare, par exemple, le passé historique a un sens très différent du sens moderne. Troie et Rome, les Plantagenêts et les Tudors — aucun n'est assez lointain pour être très différent du présent ou même l'un de l'autre. Sur ce point, Shakespeare est le reflet de son époque : il était mort depuis trente ans quand le mot « anachronisme » fit sa première apparition en anglais [26], et il était encore très proche de la conception médiévale de l'histoire, selon laquelle, à quelque époque que ce soit, la roue du temps brasse le même *exemplum* éternellement applicable.

Cette conception anhistorique est liée à une étonnante absence d'intérêt pour une organisation du temps jour par jour et minute par minute, absence d'intérêt qui a rendu l'arrangement temporel de nombreuses pièces de Shakespeare et de ses prédécesseurs depuis Eschyle si déconcertant pour les éditeurs et les critiques ultérieurs. L'attitude envers le temps dans les premières fictions est très voisine ; la succession des événements est disposée dans un continuum spatio-temporel très abstrait, et accorde fort peu d'importance au temps comme facteur intervenant dans les relations humaines. Coleridge remarquait que « dans la *Faerie Queene* tout restait merveilleusement indépendant d'un espace et d'un temps particuliers, que rien ne laissait imaginer [27] » ; et la dimension temporelle dans les allégories de Bunyan ou dans les récits héroïques n'est pas moins vague et non particularisée.

Bientôt, cependant, le sens moderne du temps a commencé à pénétrer de nombreux domaines de pensée. La fin du XVIIe siècle a été témoin de la naissance d'une étude de l'histoire plus objective, et par conséquent d'un sentiment plus profond de la différence entre le passé et le présent [28]. A la même époque, Newton et Locke présentaient une analyse nouvelle du processus temporel [29] ; celui-ci prenait le sens plus lent et plus mécanique d'une durée assez minutieusement graduée pour mesurer la chute des objets ou la succession des idées dans l'esprit.

Les romans de Defoe reflètent ces nouvelles directions. C'est la première œuvre de fiction qui nous mette en présence d'une image de la vie individuelle à la fois dans ses plus larges perspectives en tant que processus historique, et d'un point de vue plus étroit, qui montre le processus en train de se dérouler sur l'arrière-fond des pensées et des actions les plus éphémères. Il est vrai que les échelles de temps dans ses romans sont parfois en elles-mêmes contradictoires et en même temps incompatibles avec leur prétendue position historique, mais le simple fait d'élever de telles objections est certainement un hommage à la façon dont le lecteur ressent les personnages comme enracinés dans la dimension temporelle. Nous n'avons même pas l'idée de faire sérieusement de semblables objections à l'*Arcadia* de Sydney ou au *Pilgrim's Progress* ; la réalité du temps n'y est pas assez évidente pour que soit possible la moindre idée de contradiction. Defoe nous apporte une telle évidence. Dans ses plus grandes réussites, il nous convainc totalement du lieu et du temps particuliers où se déroule son récit, et notre souvenir de ses romans est pour une large part constitué par ces moments de la vie de ses personnages, moments rendus si vivement et reliés avec souplesse les uns aux autres de manière à produire une perspective biographique convaincante. Nous avons l'impression d'une identité personnelle subsistant à travers la durée, et cependant modifiée par le flot de l'expérience.

Cette impression est produite avec beaucoup plus de

force et de perfection dans l'œuvre de Richardson. Il localisait avec grand soin tous les événements de son récit dans un schème temporel détaillé et inconnu jusqu'alors : l'en-tête de chaque lettre nous indique le jour de la semaine, et souvent l'heure de la journée ; et cela, dès lors, sert de charpente objective au détail temporel plus important encore que représentent les lettres elles-mêmes — on nous dit, par exemple, que Clarissa mourut le mardi 7 septembre à 6 h 40 de l'après-midi. L'emploi de la forme épistolaire fait naître aussi chez le lecteur un sentiment constant de véritable participation à l'action, avec une plénitude et une intensité sans équivalent jusqu'alors. Il savait, comme il l'écrivit dans la préface de *Clarissa,* que c'était « les situations critiques... avec ce qu'on peut appeler descriptions et réflexions *instantanées* » qui retiennent le mieux l'attention ; et, dans de nombreuses scènes, la marche du récit se ralentissait, sous l'effet d'une description minutieuse, jusqu'à devenir proche du déroulement réel de l'expérience. Dans ces scènes, Richardson accomplissait pour le roman ce que D. W. Griffith apporta au cinéma par sa technique du « gros plan » : ajouter une nouvelle dimension à la représentation de la réalité.

Dans ses romans, Fielding a abordé le problème du temps d'un point de vue plus extérieur et traditionnel. Dans *Shamela,* il donna libre cours à son mépris pour l'emploi du temps présent chez Richardson : « Mrs. Jervis et moi venons de nous coucher, la porte n'est pas verrouillée ; si mon maître arrivait — quelle histoire ! Je l'entends qui arrive à la porte. Vous voyez que j'écris au présent, comme dit le pasteur William. Bon, il est au lit entre nous [30]... » Dans *Tom Jones,* il indique son intention d'être beaucoup plus sélectif que Richardson dans le maniement de la dimension temporelle : « Nous nous proposons... de suivre la méthode de ces écrivains qui s'exercent à découvrir les grands changements dans les pays, plutôt que d'imiter l'historien prolifique et besogneux qui, pour conserver la régularité de sa série, se croit obligé de remplir autant de pages avec le détail de mois et d'années où rien de notable ne s'est passé, qu'il en utilise pour ces périodes remarquables où se sont jouées les plus grandes scènes du théâtre de l'humanité [31]. » A la même époque, *Tom Jones* introduisait pourtant une innovation intéressante pour le traitement du temps dans la fiction. Fielding semble s'être servi d'un almanach, ce symbole de la diffusion d'un sentiment objectif du temps grâce à l'imprimerie : à peu d'exceptions près, presque tous les événements de son roman ont une chronologie cohérente, non seulement les uns par rapport aux autres, et par rapport au moment où chaque étape du voyage des divers personnages, de l'ouest du pays jusqu'à Londres, aurait effectivement eu lieu, mais encore par rapport à des considérations extérieures telles que les phases exactes de la lune et l'horaire précis de la révolte des jacobites en 1745, année présumée de l'action [32].

e) Dans le contexte présent, comme dans beaucoup d'autres, l'espace est le corrélat nécessaire du temps. Logiquement, le cas particulier, individuel, est déterminé en référence à deux coordonnées, l'espace et le temps. Psychologiquement, comme Coleridge l'a montré, notre idée du temps est « toujours mêlée à celle d'espace [33] ». Les deux dimensions sont en vérité inséparables à maints égards pratiques, comme le suggère le fait que les mots « présent » et « minute » peuvent se référer à l'une ou à l'autre dimension ; de même l'introspection nous montre que nous sommes incapables de former l'image d'un moment particulier de l'existence sans le rétablir aussi dans son contexte spatial.

Traditionnellement, le lieu était presque aussi vague et général que le temps, dans la tragédie, la comédie et dans le roman au sens ancien. Shakespeare, comme nous le dit Johnson, « ne se souciait pas des distinctions de

temps ni d'espace [34] » ; et l'*Arcadia* de Sydney était aussi
peu localisée que les limbes bohémiens sur la scène du
théâtre élisabéthain. Il est vrai que, dans le roman
picaresque, et chez Bunyan, il y a de nombreux passages
descriptifs vivants et bien déterminés, mais ils sont
accidentels et fragmentaires. Defoe semblerait être le
premier de nos écrivains à représenter l'ensemble de son
récit comme se passant dans un entourage physique réel.
Son souci de la description du milieu est encore intermit-
tent, mais, à l'occasion, des détails vivants s'ajoutent à la
trame continue de son récit, et rendent pour nous
Robinson Crusoé et Moll Flanders beaucoup plus enracinés dans leur milieu que ce n'était le cas pour les
personnages de fiction précédents. De manière caractéristique, cette solidité du cadre est particulièrement
remarquable dans la façon dont Defoe traite les « biens
meubles » du monde physique : dans *Moll Flanders,* il y
a beaucoup d'or et de linge à compter ; et le lecteur ne
peut pas oublier que l'île de Robinson Crusoé abonde en
pièces de vêtement et de quincaillerie.

Richardson, occupant une fois encore la place centrale
dans le développement de la technique narrative réaliste, poussa beaucoup plus avant le procédé. On trouve
peu de descriptions de décors naturels, mais les intérieurs font l'objet d'une grande attention dans ses
romans. Les résidences de Pamela dans le Lincolnshire
et le Bedfordshire sont des prisons assez authentiques ;
on nous donne une description hautement précise de
Grandison Hall ; et certaines descriptions de *Clarissa*
annoncent l'adresse de Balzac à faire du « cadre » une
force pénétrante efficace — le château de Harlowe
devient un milieu physique et moral d'une terrifiante
réalité.

Ici encore, Fielding est d'une certaine manière loin de
la particularité de Richardson. Il ne nous offre pas
d'intérieurs dans leur ensemble, et les fréquentes descriptions de paysages sont très stylisées. Néanmoins,

Tom Jones dépeint le premier manoir gothique de l'histoire du roman [35] : et Fielding est aussi soigneux de la topographie de l'action que de sa chronologie ; de nombreux endroits jalonnant l'itinéraire de Tom Jones vers Londres sont indiqués nommément, et l'emplacement exact des autres peut être induit de toutes sortes d'autres preuves.

En général, donc, bien que rien dans le roman du XVIIIᵉ siècle n'égale les premiers chapitres du *Rouge et le Noir* ou du *Père Goriot,* chapitres qui indiquent immédiatement l'importance que Stendhal et Balzac attachaient à l'environnement dans leur peinture totale de la vie, il ne fait pas de doute que la recherche de la vraisemblance conduisit Defoe, Richardson et Fielding à instaurer ce pouvoir qui consiste à « placer l'homme tout entier dans son milieu physique », et c'est bien là, selon Allen Tate, la qualité distinctive de la forme romanesque [36]. L'ampleur de leur réussite n'est pas le moindre des facteurs qui permettent de les distinguer des écrivains précédents, et qui expliquent leur importance dans la tradition de la forme nouvelle.

f) Les diverses caractéristiques techniques du roman, telles qu'elles sont décrites ci-dessus, semblent toutes contribuer à servir l'objectif commun au romancier et au philosophe — la production de ce qui prétend être un compte rendu authentique de la véritable expérience des individus. Cet objectif impliquait bien d'autres ruptures avec la tradition de la fiction, outre celles que nous avons déjà mentionnées. La plus importante peut-être — faire que le style de prose rende un son de parfaite authenticité — est elle aussi étroitement liée à l'un des points méthodologiques distinctifs du réalisme philosophique.

De la même manière que le scepticisme nominaliste à propos du langage a commencé à saper l'attitude prise par les réalistes scolastiques envers les universaux, de même le réalisme moderne s'est trouvé bientôt confronté au problème sémantique. Les mots ne représentaient pas tous des objets réels, ou ne les représentaient pas d'une manière univoque, et la philosophie se trouvait dès lors confrontée au problème de la découverte de leur « raison ». Les chapitres de Locke, à la fin du troisième livre de l'*Essay Concerning Human Understanding,* sont probablement la preuve la plus importante de ce courant au XVIIᵉ siècle. Beaucoup de ce qu'on y apprenait concernant le juste emploi des mots revenait à écarter la grande masse de la littérature, puisque, comme Locke le découvre tristement, « l'éloquence, ainsi que le beau sexe », enveloppe une agréable tromperie [37]. D'un autre côté, il est intéressant de remarquer que certains des « abus de langage » désignés par Locke, tel le langage figuratif, étaient courants dans les romans au sens ancien, mais qu'ils sont beaucoup plus rares dans la prose de Defoe et de Richardson que dans celle de n'importe quel auteur de fiction antérieur.

La tradition stylistique précédente en matière de fiction ne se préoccupait pas avant tout de la correspondance entre les mots et les choses, mais plutôt des beautés extrinsèques que l'usage de la rhétorique pouvait conférer à la description et à l'action. Les *Éthiopiques* d'Héliodore avaient établi la tradition du langage orné dans les romans grecs ; on la retrouvait dans l'euphuisme de John Lyly et de Sidney, ainsi que dans les concetti, ou « phébus », de La Calprenède et de Madeleine de Scudéry. Aussi, même si les nouveaux auteurs de fiction avaient rejeté la vieille tradition consistant à mêler de la poésie à leur prose, tradition qui avait été suivie même dans des récits exclusivement voués à la peinture de la vie triviale comme le *Satiricon* de Pétrone, il aurait été vraisemblable, dans une perspective littéraire, qu'ils utilisent le langage comme source d'intérêt pour lui-même plutôt que comme simple moyen de dénotation.

En tout cas, la tradition critique classique en général

n'avait évidemment rien à faire de la description réaliste
dépouillée qu'impliquait un tel usage du langage. Quand
le *9th Tatler* (1709) présentait « Description of the
Morning » de Swift comme une œuvre où l'auteur s'était
« lancé dans une voie toute nouvelle, et avait décrit les
choses comme elles arrivent », c'était de l'ironie. Le
postulat implicite des écrivains et critiques cultivés était
que le talent d'un auteur se révèle, non dans la fidélité
avec laquelle les mots qu'il emploie correspondent aux
objets, mais dans la sensibilité littéraire avec laquelle son
style projette les ornements linguistiques appropriés au
sujet. Il est dès lors naturel que nous ayons à nous
tourner vers des auteurs qui ne font pas partie de ce
circuit spirituel, pour trouver nos premiers exemples de
fictions narratives écrites dans une prose qui se restreint
presque exclusivement à un usage descriptif et dénotatif
du langage. Naturel, également, que Defoe et Richardson aient tous deux été attaqués par beaucoup des
écrivains les plus cultivés de l'époque, pour leur manière
d'écrire maladroite et souvent incorrecte.

Leurs intentions fondamentalement réalistes récla-
maient évidemment quelque chose de très différent des
modes reconnus de prose littéraire. Il est vrai qu'à la fin
du XVIIᵉ siècle le mouvement vers une prose claire et
facile avait fait beaucoup pour produire un mode d'expression mieux adapté au roman réaliste que ce dont on
pouvait disposer auparavant ; en même temps, la vision
du langage de Locke commençait à se refléter dans la
théorie littéraire — John Dennis, par exemple, interdi-
sait l'emploi des figures de rhétoriques au nom du
réalisme : « Aucune espèce de figure ne peut constituer
le langage du chagrin. Si un homme se lamente en
images, soit je ris, soit je dors [38]. » Néanmoins, la norme
en prose à l'époque de la reine Anne demeurait beaucoup trop littéraire pour être la voix naturelle de Moll
Flanders ou de Pamela Andrews ; et bien que la prose
d'Addison, par exemple, ou de Swift, soit assez simple et

directe, son économie ordonnée tend à évoquer un
sommaire pénétrant plutôt qu'un compte rendu complet
de ce qu'elle décrit.

Il est par conséquent vraisemblable que nous devons
considérer la rupture que Defoe et Richardson ont
accomplie avec les canons reconnus du style en prose,
non pas comme un gauchissement fortuit, mais plutôt
comme le prix qu'ils devaient payer pour que le texte
épouse étroitement et immédiatement ce qui est en train
d'être décrit. Chez Defoe, ce contact étroit est surtout
physique, chez Richardson surtout émotionnel, mais
chez eux deux nous sentons que le but exclusif de
l'auteur est que les mots serrent le sujet et nous le
rendent dans toute sa particularité concrète, au prix
éventuel de répétitions, de parenthèses ou de prolixité.
Évidemment, ce n'est pas Fielding qui a rompu avec les
traditions de style et de conception de l'époque de la
reine Anne. Mais, justement, c'est un argument qui peut
montrer que ses récits ont moins d'authenticité. En lisant
Tom Jones, nous ne nous imaginons pas en train
de surprendre une nouvelle exploration de la réalité ;
la prose nous informe immédiatement que les opérations exploratrices sont terminées depuis longtemps, que
cette tâche n'est plus à faire, et qu'on nous présente
plutôt le rapport clarifié et filtré de ce qui a été découvert.

Il y a là une curieuse antinomie. D'une part, Defoe et
Richardson font une application intransigeante du point
de vue réaliste au langage et à la structure de la prose, et
par là détrônent d'autres valeurs littéraires. D'autre
part, les mérites stylistiques de Fielding tendent à
interférer avec sa technique de romancier, car sa vision
manifestement sélective détruit notre foi en la réalité du
compte rendu, ou du moins détourne notre attention du
contenu de ce compte rendu en faveur de l'habileté du
rapporteur. Il semblerait y avoir quelque contradiction
inhérente entre les valeurs littéraires anciennes et per-

manentes, et la technique narrative distinctive du roman.

Qu'il en soit peut-être bien ainsi est suggéré par un parallèle avec la fiction française. En France, la conception critique classique, qui insistait sur l'élégance et la concision, ne fut jamais vraiment contestée avant la venue du romantisme. C'est peut-être en partie pour cette raison que la fiction en France, depuis *la Princesse de Clèves* jusqu'aux *Liaisons dangereuses,* reste en dehors de la tradition générale du roman. Avec toute sa pénétration psychologique et son habileté littéraire, nous ressentons cette fiction comme trop élégante pour être authentique. En cela, Mme de La Fayette et Choderlos de Laclos sont le pôle opposé de Defoe et de Richardson, dont la grande prolixité tend à servir de garantie à l'authenticité de leur comtpe rendu, dont la prose a pour but exclusif ce que Locke définit comme la fin véritable du langage, « transmettre la connaissance des choses [39] », et dont les romans dans leur totaltié ne prétendent pas être plus qu'une transcription de la vie réelle — pour parler comme Flaubert, « le réel écrit ».

Il semblerait alors que la fonction du langage soit beaucoup plus largement référentielle dans le roman que dans d'autres formes littéraires ; que le genre lui-même fonctionne plus par représentation exhaustive que par concentration élégante. Fait qui expliquerait sans doute à la fois pourquoi le roman est le genre le plus facile à traduire, pourquoi de nombreux romanciers indubitablement grands, de Richardson et Balzac à Hardy et Dostoïevski, écrivent souvent avec gaucherie, et parfois avec une foncière vulgarité ; et pourquoi le roman a moins besoin de commentaires historiques et littéraires — ses conventions formelles le forcent à fournir ses propres annotations.

II

En voilà assez sur les principales analogies entre
réalisme philosophique et réalisme littéraire. Elles ne
sont pas présentées comme étant rigoureuses ; la philosophie est une chose, la littérature en est une autre. Pas
davantage les analogies ne s'appuient en quelque façon
sur la présomption que la tradition réaliste en philosophie serait cause du réalisme du roman. Qu'il y ait eu
quelque influence est très vraisemblable, spécialement
par l'intermédiaire de Locke, dont la pensée a pénétré
tout le climat d'opinion du XVIIIᵉ siècle. Mais, s'il existe
une relation causale de quelque importance, elle est
probablement beaucoup moins directe : les innovations
tant philosophiques que littéraires doivent être considé-
rées comme les manifestations parallèles d'un plus grand
changement — cette vaste transformation de la civilisation occidentale depuis la Renaissance, qui a remplacé
l'image d'un monde médiéval unifié par une autre, très
différente — image qui nous présente essentiellement un
ensemble en train de se faire, mais sans organisation
préalable, ayant pour éléments des individus particuliers
qui mènent des expériences particulières en des temps et
des lieux particuliers.

Ici, cependant, nous touchons à une conception beaucoup plus limitée, dans la mesure où l'analogie avec le
réalisme philosophique sert à isoler et à définir le mode
narratif caractéristique du roman. Il s'agit, nous l'avons
suggéré, de l'ensemble des techniques littéraires par
lesquelles l'imitation de la vie humaine dans le roman
suit les procédés adoptés par le réalisme philosophique
dans son effort pour s'assurer et rendre compte de la
vérité. Ces procédés ne se bornent nullement à la
philosophie ; on tend en fait à les suivre chaque fois que
l'on recherche la relation à la réalité dans un compte

rendu d'événement. Le mode romanesque d'imitation de la réalité peut donc aussi bien se résumer en termes de procédés empruntés à un autre groupe de spécialistes en épistémologie : un jury de tribunal. L'attente d'un jury et celle d'un lecteur de roman coïncident en bien des points : tous deux veulent connaître « toutes les particularités » d'un cas donné — le moment et le lieu de l'événement ; tous deux exigent d'être éclairés quant à l'identité des parties en cause, et refuseront d'accepter des preuves concernant un quelconque Sir Toby Belch ou Mr. Badman — encore moins concernant une Chloé qui ne porte pas de nom de famille et qui est « quelqu'un comme tout le monde » ; et ils attendent aussi des témoins qu'ils racontent l'histoire « dans leurs propres termes ». Le jury, en fait, a une « vision circonstancielle de la vie », ce que T.H. Green considérait comme le point de vue caractéristique du roman [40].

La technique narrative par laquelle le roman incarne cette vision circonstancielle de la vie peut être appelée son réalisme formel ; formel, parce que le mot « réalisme » ne se réfère pas ici à quelque but ou dogme littéraire spécial, mais seulement à un ensemble de procédés narratifs que l'on trouve si souvent réunis dans le roman, et si rarement dans d'autres genres littéraires, qu'on peut les considérer comme typiques de la forme elle-même. Le réalisme formel, en fait, est l'incarnation narrative d'une prémisse que Defoe et Richardson admettaient très littéralement, mais qui est implicite dans la forme du roman en général : la prémisse ou la convention première d'après laquelle le roman est un compte rendu complet et authentique de l'expérience humaine, et est donc dans l'obligation de fournir à ses lecteurs des détails de l'histoire tels que l'individualité des personnages en cause, les particularités spatio-temporelles de leurs actions, détails qui sont présentés au moyen d'un emploi du langage plus largement réfé-

rentiel qu'il n'est d'usage dans les autres formes littéraires.

Évidemment, le réalisme formel, tout comme les
règles de preuve, n'est qu'une convention ; et il n'y a pas
de raison pour que le compte rendu qu'il présente de la
vie humaine soit en fait plus vrai que ceux qui passent
par les conventions très différentes des autres genres
littéraires. L'apparence de totale authenticité du roman,
en effet, rend possible une confusion sur ce point ; et la
tendance de certains réalistes et naturalistes à oublier
que la transcription précise d'une réalité actuelle ne
produit pas nécessairement une œuvre douée d'une
vérité effective ou d'une valeur littéraire durable, est
sans doute en partie responsable de la désaffection
générale, aujourd'hui, à l'égard du réalisme et des
œuvres réalistes. Cependant, cette désaffection peut
aussi entraîner une confusion critique, en nous faisant
commettre l'erreur opposée ; cette conscience que nous
avons de certaines imperfections dans les buts de l'école
réaliste, nous ne devons pas lui laisser recouvrir ce
domaine très considérable par rapport auquel le roman
en général, aussi bien chez Joyce que chez Zola, utilise
les moyens littéraires nommés ici réalisme formel. Pas
plus que nous ne devons oublier que, bien que le
réalisme formel ne soit qu'une convention, il a, comme
toutes les conventions littéraires, ses propres avantages
particuliers. Les différentes formes littéraires imitent la
réalité à des degrés très divers ; et le réalisme formel du
roman permet une imitation de l'expérience individuelle
saisie dans son environnement spatio-temporel, plus
immédiate que ne le font les autres formes littéraires. En
conséquence, les conventions du roman sont beaucoup
moins exigeantes pour le public que la plupart des
conventions littéraires ; ce qui explique certainement
pourquoi la majorité des lecteurs, depuis les deux
derniers siècles, ont trouvé dans le roman la forme
littéraire la plus apte à contenter leurs désirs d'une

correspondance étroite entre la vie et l'art. Et les avantages d'une correspondance étroite et détaillée avec la vie réelle, tels que les offre le réalisme formel, ne se bornent pas à contribuer à la popularité du roman ; ils sont liés aussi à ses qualités littéraires les plus distinctives, comme nous allons le voir.

Au sens le plus strict, il est évident que Defoe ni Richardson n'ont découvert le réalisme formel ; ils l'ont seulement appliqué beaucoup plus complètement que ce n'avait été fait auparavant. Homère, par exemple, comme l'a signalé Carlyle [41], partage avec eux cette éminente « clarté de vue » qu'on trouve dans les descriptions « détaillées, amples, délicieusement exactes », qui abondent dans leurs œuvres ; et il y a de nombreux passages dans la fiction plus tardive, depuis *l'Ane d'or* jusqu'à *Aucassin et Nicolette,* de Chaucer à Bunyan, où les personnages, leurs actions et leur environnement sont présentés sous une particularité aussi authentique que dans n'importe quel roman du xviiie siècle. Mais il y a une différence importante : dans Homère et dans les premières œuvres de fiction en prose, ces passages sont relativement rares, et ont plutôt une position extérieure par rapport au récit environnant ; la structure littéraire dans sa totalité n'était pas uniformément orientée dans le sens du réalisme formel, et spécialement le schéma, qui était d'ordinaire traditionnel et souvent hautement invraisemblable, était en conflit direct avec les principes du réalisme. Même quand des écrivains antérieurs avaient affiché un objectif entièrement réaliste, comme le firent beaucoup d'écrivains du xviie siècle, ils ne le poursuivaient pas du fond du cœur. La Calprenède, Richard Head, Grimmelshausen, Bunyan, Aphra Behn, Furetière [42], pour n'en citer que quelques-uns, avaient tous affirmé que leurs fictions étaient littéralement vraies ; mais leurs proclamations préliminaires ne sont pas plus convaincantes que celles, très semblables, que l'on trouve dans la plupart des œuvres de l'hagiographie

médiévale. Dans les deux cas, cet objectif de vraisemblance n'avait pas été assez profondément assimilé pour
amener le rejet total de toutes les conventions non
réalistes qui gouvernaient le genre.

Pour des raisons que nous examinerons ultérieure-
ment, Defoe et Richardson eurent une indépendance
sans précédent vis-à-vis des conventions littéraires qui
auraient pu contrecarrer leurs intentions premières, et ils
s'adaptèrent aux exigences de la vérité littérale avec
d'autant plus de compréhension. D'aucune fiction avant
celle de Defoe, Lamb n'aurait pu écrire, dans des termes
très voisins de ceux de Hazlitt à propos de Richardson [43],
« c'est comme une lecture de preuve dans un tribunal de
justice [44] ». La question est ouverte de savoir si c'est une
bonne chose en soi ; Defoe et Richardson mériteraient
difficilement leur réputation s'ils n'avaient d'autres et de
meilleures raisons d'attirer notre attention. Néanmoins
il ne peut guère y avoir de doute que le développement
d'une technique narrative capable de créer une telle
impression est la plus évidente manifestation de cette
mutation dans la prose de fiction que nous appelons le
roman ; l'importance historique de Defoe et Richardson
dépend donc avant tout de la soudaineté et de la
perfection avec lesquelles ils firent naître ce qui peut être
considéré comme le plus petit commun dénominateur du
genre « le roman dans son ensemble », à savoir son
réalisme formel.

Traduit de l'anglais par Fanny Deleuze.

NOTES

1. Cf. Bernard Weinberg, *French Realism : the Critical Reaction 1830-
1870*, Londres, 1937, p. 114.

2. Cf. R.I. Aaron, *The Theory of Universals*, Oxford, 1952, p. 18-41.

3. Cf. S.Z. Hasan, *Realism,* Cambridge, 1928, ch. 1 et 2.

4. *Works* (1773), V, p. 125 ; voir aussi Max Scheler, *Versuche zu einer Soziologie des Wissens,* München et Leipzig, 1924, p. 104 s. ; Elizabeth L. Mann, « The Problem of Originality in English Literary Criticism, 1750-1800 », *Philological Quarterly,* XVIII (1939), p. 97-118.

5. *Essay Concerning Human Understanding,* 1690, I, ch. 2, sect. xv.

6. Cf. *Les Seconds Analytiques,* I, ch. 24 ; II, ch. 19.

7. *Dialogue between Hylas and Philonous,* 1713 (Berkeley, *Works,* Londres, Luce and Jessop, 1949, II, p. 192).

8. Pt. IV, sect. 3.

9. Ed. 1763, III, p. 198-199.

10. *Idler,* n° 79 (1759). Voir aussi Scott Elledege, « The Background and Development in English Criticism of the Theories of Generality and Particularity », *PMLA,* LX (1945), p. 161-174.

11. *Correspondence of Samuel Richardson,* 1804, I, cxxxvii. Pour des commentaires similaires par des lecteurs français contemporains, voir Joseph Texte, *Jean-Jacques Rousseau and the Cosmopolitan Spirit in Literature,* Londres, 1899, p. 174-175.

12. N° 578, 1714.

13. *Leviathan,* 1651, pt. I, ch. 4.

14. *Poétique,* ch. 9.

15. *Essay on the New Species of Writing Founded by Mr. Fielding,* 1751, p. 18. Toute cette question est traitée plus largement dans mon « The Naming of Characters in Defoe, Richardson and Fielding », *Review of English Studies,* XXV (1949), p. 322-338.

16. Voir Wilbur L. Cross, *History of Henry Fielding,* New Haven, 1918, I, p. 342-343.

17. *Partial Portraits,* Londres, 1888, p. 118.

18. *Human Understanding,* l. II, ch. 27, sect. IX, X.

19. *Treatise of Human Nature,* l. I, pt. 4, sect. VI.

20. *Human Understanding,* l. III, ch. 3, sect. VI.

21. Platon n'établit pas explicitement que les Idées sont éternelles, mais la notion, qui date d'Aristote (*Métaphysique,* l. XII, VI), sous-tend l'ensemble du système de pensées auquel elles sont liées.

22. *Aspects of the Novel,* Londres, 1949, p. 29-31.

23. *Decline of the West,* trad. Atkinson, Londres, 1928, I, p. 130-131.

24. *Anatomy of Criticism,* Princeton, 1957, sect. IV.

25. « Estimate of the Value and Influence of Works of Fiction in Modern Times » (1862), *Works,* Londres, Nettleship, 1888, III, p. 36.

26. Cf. Herman J. Ebeling, « The Word Anachronism », *MLN,* LII (1937), p. 120-121.

27. *Selected Works,* Londres, Potter, 1933, p. 333.

28. Cf. G. N. Clark, *The Later Stuarts, 1660-1714,* p. 362-366 ; René Wellek, *The Rise of English Literary History,* Chapel Hill, 1941, ch. 2.

29. Cf. particulièrement Ernst Cassirer, « Raum und Zeit », *Das Erkenntnisproblem...,* Berlin, 1922-1923, II, p. 339-374.

30. Lettre 6.

31. Livre II, ch. 1.

32. Comme l'a montré F.S. Dickson (Cross, *Henry Fielding,* II, p. 189-193).

33. *Biographia Literaria,* Londres, Shawcross, 1907, I, p. 87.

34. « Préface » (1765), *Johnson on Shakespeare,* Londres, Raleigh, 1908, p. 21-22.

35. Cf. Warren Hunting Smith, *Architecture in English Fiction,* New Haven, 1934, p. 65.

36. « Techniques of Fiction », in *Critiques and Essays on Modern Fiction 1920-1951,* New York, Aldridge, 1952, p. 41.

37. Livre III, ch. 10, sect. XXXIII-XXXIV.

38. Préface, *The Passion of Byblis, Critical Works,* Baltimore, Hooker, 1939-43, I, 2.

39. *Human Understanding,* l. III, ch. 10, sect. XXIII.

40. « A Estimate », *Works,* III, p. 37.

41. « Burns », *Critical and Miscellaneous Essays,* New York, 1899, I, p. 276-277.

42. Cf. A. Tieje, « A Peculiar Phase of the Theory of Realism in Pre-Richardsonian Prose-Fiction », *PMLA,* XXVII (1913), p. 213-252.

43. « Il entreprend de décrire chaque objet et chaque action comme si un témoin oculaire avait fait une déposition de l'ensemble » (*Lectures on the English Comic Writers,* New York, 1845, p. 138.

44. Lettre à Walter Wilson, 16 décembre 1822, publiée dans *Memoirs of the Life and Times of Daniel Defoe,* Londres, 1930, III, p. 428.

LEO BERSANI

Le réalisme et la peur du désir *

Il y a quelques années, Roland Barthes a parlé de « la pression rigoureusement égale » qui s'exerce à la surface du récit de Robbe-Grillet. Avec le roman traditionnel, nous sautons de crise en crise, comme si le rythme des mouvements de nos yeux au cours de notre lecture « devait reproduire la hiérarchie même de l'univers classique, doté de moments tour à tour pathétiques et insignifiants ». Chez Robbe-Grillet en revanche — du moins chez Robbe-Grillet tel que Barthes le voyait en 1955 —, aucun moment de son écriture n'a plus de valeur ou de poids que n'importe quel autre. Or, ce que Barthes appelle les « moments insignifiants » de la littérature traditionnelle appartient, à mon avis, à un univers saturé de sens. Il n'est pas tout à fait exact que le récit littéraire classique alterne le significatif et l'insignifiant ; le sens n'y fait jamais défaut. En fait, on pourrait dire qu'à certains moments de l'histoire, les halètements de la machine narrative se font un peu plus énergiques qu'à d'autres, alors que le reste du temps il est possible, en quelque sorte, de rouler sur sa lancée. (Les passages plus tranquilles de la littérature réaliste expriment également l'enlisement du sens dans le temps. La durée use, dans une certaine mesure, la signification, bien que, à quelques rares exceptions près — Flaubert constitue l'une d'elles —, un certain affadissement du sens avec le temps

* Paru originellement dans *Poétique*, 22, avril 1975.

ne mette pas radicalement en doute le sens lui-même.)
Le lecteur de roman bien entraîné sait quand il lui faut
ouvrir l'œil et prêter l'oreille avec une attention particulière. Dans les épisodes privilégiés de la littérature
traditionnelle, certains sens qui animent le récit tout
entier sont plus ouvertement mis en scène ou plus
explicitement exprimés. Par contre, même quand des
écrivains contemporains tels que Robbe-Grillet, Sollers
ou Thomas Pynchon se permettent des épisodes clés, des
passages clairement privilégiés, ils semblent nous mettre
au défi de les considérer comme des énoncés définitifs ou
entièrement sérieux. Et cette absence ou parodie de
moments particulièrement significatifs correspond à une
diffusion du sens ou, à l'extrême, à sa non-pertinence,
ou même à une absence de toute signification d'ensemble. Dans un univers romanesque privé d'un sens global,
tous les événements sont d'une égale importance.
Aucune structure de signification n'est assez puissante
pour pouvoir réunir tous les fragments de sens en un seul
système.

J'ai l'intention d'examiner certains des procédés par
lesquels le roman du XIXᵉ siècle nous a inculqué la
recherche obsessionnelle des structures significatives
dans la littérature. Alors que les écrivains du XXᵉ siècle
ont tendance, surtout depuis Joyce, à parodier les grands
mythes de la culture occidentale, à les vider de leur sens,
le romancier réaliste semble transformer spontanément
les détails les plus insignifiants en structures de signification. Le tour de force accompli par les romanciers
réalistes, de Jane Austen à Henry James, consiste à
combiner une forme narrative apparemment lâche et
même anarchique, avec une extraordinaire tension du
sens. Ce caractère anarchique peut être plus ou moins
marqué, mais nous voyons des auteurs aussi différents
que Jane Austen, Balzac, Dickens, et même James,
accorder la même importance fondamentale au détail
lourd de sens. Les mots les plus quotidiens, les gestes les

plus banals, les épisodes les plus insignifiants se soumettent de bonne grâce à une discipline qui exige qu'ils soient mots, gestes et épisodes révélateurs.

Dans la littérature réaliste, les comportements sont l'expression continuelle de la psychologie des personnages. Des incidents, apparemment fortuits, nous transmettent, avec économie, des messages concernant leur personnalité ; de sorte que le monde s'accorde, structuralement au moins, avec le personnage de roman, en ceci qu'il propose constamment à notre intelligence des objets et des événements qui contiennent des désirs humains et leur confèrent une forme intelligible. Le romancier réaliste peut digresser, s'attarder, s'égarer autant qu'il le veut : il est capable d'absorber n'importe quel matériau dans une impérieuse structure de sens — la digression balzacienne en est l'illustration suprême. Qui plus est, étant donné que le roman réaliste reste fidèle, en général, au temps chronologique, la suite des événements elle-même devient un principe ordonnateur. Proust lui-même, alors qu'il semble annoncer dans *Combray* un récit non chronologique, organisé en fonction de la résurrection, dans la mémoire involontaire de Marcel, de différentes périodes de son passé, respecte en fait la suite chronologique conventionnelle, de l'enfance à la maturité. Il est vrai que certaines parties de la vie de Marcel sont omises, et il est également vrai que le récit linéaire d'*A la recherche du temps perdu* est compliqué par le fait que le futur de chaque instant est présent dans la relation qui est en train d'en être faite. Le futur proustien n'est pas seulement un moment dont nous nous rapprochons à mesure que nous lisons ; c'est aussi la voix du narrateur en chaque point de son retour au passé. Néanmoins, même si l'ont tient compte des affirmations théoriques concernant l'importance du temps vécu pour toute traduction fidèle de la vie d'un homme, il est frappant que les séquences linéaires de la *Recherche* restent si claires, et que nous n'ayons presque jamais de doute sur le moment où s'est produit tel ou tel événement de la vie de Marcel.

De ce point de vue, le caractère conservateur du roman proustien apparaît clairement si nous le comparons à *la Jalousie* de Robbe-Grillet. Dans ce roman, la véritable subversion du temps chronologique s'effectue au moyen d'un procédé très simple mais radical : l'élimination de toute référence temporelle en ce qui concerne la narration de l'histoire. La cohérence que le temps chronologique procure au roman traditionnel peut être évaluée par rapport au chaos répétitif du temps dans *la Jalousie,* où il n'y a aucune voix narrative organisatrice qui situe dans le temps les divers tableaux du roman. Les scènes de Robbe-Grillet localisent la jalousie dans l'espace, mais elles ne nous apprennent rien sur son développement historique. Rien ne saurait être plus éloigné de la façon dont le narrateur proustien relève scrupuleusement les différents stades qui ont marqué l'évolution de sa jalousie au sujet d'Albertine. S'il y a une quelconque progression temporelle dans *la Jalousie,* on peut l'étudier entièrement en termes de stratégie esthétique. Nous ne pouvons jamais savoir à quel moment se sont produits les différents incidents (et par conséquent il devient absurde de poser pareille question dans la critique de l'ouvrage), mais nous pouvons voir le narrateur organiser à sa guise notre propre découverte progressive de la façon dont la jalousie a contaminé l'univers tout entier du roman.

Enfin, le temps, dans la littérature réaliste, n'est pas uniquement chronologique ; il comporte des commencements et des fins. Dans *The Sense of an Ending,* Frank Kermode a fait une brillante étude des « paradigmes d'apocalypse » dans la culture occidentale, des « formes cohérentes qui, en assurant une fin, permettent une harmonisation satisfaisante avec les commencements et avec la partie centrale ». Les dates sont extrêmement importantes dans la littérature réaliste, et le premier paragraphe d'innombrables romans du XIXᵉ siècle nous donne l'année exacte du début de leur histoire. La précision de la date ne sert pas uniquement l'illusion de l'authenticité historique ; elle nous offre également le luxe d'assigner des commencements précis au vécu et, par là même, de rendre le vécu plus accessible à notre soif de catégories et de distinctions significatives. Les conclusions sont bien entendu tout aussi importantes dans cette entreprise qui consiste à donner un sens plus marqué à la vie. Les romans réalistes ont tendance à finir sur des mariages ou des morts, et les mariages qui terminent *Orgueil et Préjugé* ou *la Petite Dorrit* fournissent à l'intrigue un dénouement tout aussi significatif et tout aussi concluant que la mort d'Achab dans *Moby Dick* ou celle de Milly Theale dans *les Ailes de la colombe*.

Dans la littérature traditionnelle, l'importance du mariage n'est pas purement formelle. Georg Lukacs a attiré l'attention sur les différences entre les mariages qui terminent les romans et ceux qui terminent les comédies classiques. La forme sculpturale de la comédie réclame « une cérémonie purement symbolique » (semblable à la mort du héros au terme de la tragédie) qui souligne, sur un mode a-temporel, les limites et les contours de la forme elle-même. Nous pourrions ajouter que les mariages dans les comédies marquent la fin de ce qui y a fait sens. Les mariages heureux qui sont annoncés au dernier acte de *l'Avare* et de *Tartuffe* ne constituent pas l'aboutissement des diverses significations ; un hymen satisfaisant n'est rien d'autre qu'un accord suave plaqué par le dramaturge afin de nous avertir que son œuvre est achevée. Dans le roman, au contraire, les mariages viennent compléter le sens. Le mariage heureux est aussi significatif que le mariage malheureux et, bien qu'il y ait sans doute beaucoup plus à dire sur ce dernier, la première éventualité n'est pas moins riche en implications psychologiques et morales.

Chez Molière, les obstacles au mariage des gentils amants sont tout simplement écartés par d'heureux coups du sort. L'union n'est pas le résultat d'un quelconque progrès de la conscience morale : en ce qui les concerne, ils s'aimaient, en général, depuis le début et, quant à Arnolphe et à Harpagon, leur folie est tout aussi grande à la fin de *l'École des femmes* et de *l'Avare* qu'elle l'était au commencement. Mais les mariages heureux d'Elizabeth et de Darcy, de Little Dorrit et d'Arthur Clennam, ainsi que de Dorothea et de Will Ladislaw sont les justes conséquences, et les récompenses méritées, de perceptions psychologiques justes ; ils sont les signes sûrs de la maturité de la conscience des héros. Et il ne faut pas nous laisser tromper par le mécanisme grinçant de l'intrigue qui est parfois nécessaire pour amener le mariage — ou, d'une façon plus générale, pour résoudre dans le « bon » sens les problèmes moraux qui sont en jeu dans le roman. Les habiletés frivoles que Molière déploie dans la conduite de ses intrigues pour amener ses dénouements heureux (qui ne tempèrent jamais vraiment le pessimisme de ses grandes pièces) lui permettent d'en proclamer l'insignifiance. Mais, dans la littérature réaliste, la révélation inattendue ou la coïncidence surprenante, bien loin d'être de simples commodités formelles, semblent presque indiquer une mystérieuse complicité existant entre les secteurs les plus éloignés, les plus étrangers de la réalité et les exigences des principales structures psychologiques et morales du roman. Fielding est le maître insurpassé de ce genre d'« arrangement », mais on trouve également des manipulations voyantes et maladroites de l'intrigue dans des œuvres aussi tardives que *la Petite Dorrit* et *Middlemarch*. Sans vergogne, on force la réalité à fournir une conclusion appropriée à une chaîne d'événements de bout en bout signifiante.

Dans la littérature réaliste, l'effort pour obtenir une forme signifiante profite à une psychologie des personnages signifiante et structurée avec cohérence. Les incidents révélateurs aident à rendre intelligible le caractère des personnages ; les vrais commencements et les fins définitives offrent un cadre temporel où les individus ne se contentent pas d'exister, mais se déplacent d'un stade de l'existence à l'autre pour accomplir un destin tout tracé. La personnalité est tout aussi rigoureusement structurée dans le roman réaliste que dans la tragédie racinienne. A vrai dire, dans une forme littéraire qui est remarquable par son caractère varié et concret, il est peut-être plus remarquable encore de trouver cette tendance à allégoriser l'individu qu'on peut observer chez Racine. Dans la littérature réaliste, on conçoit, en général, le désir ou bien comme une passion dominante (l'amour paternel de Goriot, l'avarice de Silas Marner, la douceur de colombe de Milly Theale), ou bien en termes de cette chimie intérieure qu'a décrite Sartre, où les processus mentaux sont représentés comme des synthèses de facultés abstraites (de même que Phèdre est une certaine « solution » de culpabilité et de passion sexuelle, la jalousie de Swann au sujet d'Odette alterne avec sa tendresse pour elle et la neutralise). Même les détails riches et variés des caractéristiques individuelles n'altèrent jamais l'unité cohérente de la personnalité — ou si c'est le cas, les personnages deviennent, au mieux, d'intéressants échecs. La complexité psychologique est tolérée dans la mesure où elle ne met pas en péril une idéologie pour laquelle le sujet est une structure fondamentalement intelligible qui reste inaltérable face à une histoire faite de désirs fragmentés et discontinus.

La persistance (ou plutôt la résurgence) de cette idéologie dans la littérature du XIXe siècle forme un chapitre curieux de l'histoire politique de l'art. La littérature classique française est une force sociale conservatrice non seulement parce que sa vision pessimiste de la nature humaine découragerait toute velléité d'amélioration par le biais d'un changement des condi-

tions sociales, mais aussi parce qu'elle aide à renforcer la
structure hiérarchique de la société française du XVIIᵉ
siècle. La tragédie racinienne est pleine de passions
chaotiques, mais, du point de vue de l'idéologie du sujet,
le chaos existentiel qui en résulte est sans doute moins
important que le portrait racinien d'un sujet définitive-
ment organisé. La passion bouleverse la vie des personnages, mais elle ordonne également leur personnalité.
Grâce à la domination d'une passion asservissante, chez
Racine tout comportement peut être situé par rapport à
un centre psychologique fixe. Les mots et les gestes
peuvent toujours être rapportés à cette passion ; c'est-
à-dire être interprétés avec certitude. Le mythe littéraire
d'un sujet rigidement organisé contribue à une idéologie
culturelle dominante du sujet qui est au service de
l'ordre social établi. La personnalité est présentée sous
la forme unifiée, cohérente et hiérarchisée qui convient à
un système social où les classes sont nettement différen-
ciées. Une hiérarchie sociale rigide reproduit, dans les
structures politiques, la forme du sujet. Tout se passe
comme si la tragédie racinienne confirmait le réalisme
psychologique de structures qui supposent une correspondance naturelle entre la personnalité et les hiérar-
chies sociales. Il est vrai que c'est en partie par sa sombre
vision d'une nature humaine ayant un terrible besoin de
discipline que la psychologie classique justifie un mode
autoritaire de gouvernement ; d'un point de vue purement structural, elle justifie également l'autoritarisme
par ses représentations d'un sujet dont l'irrationalité
même fait partie de la cohérence — cohérence qui se
prête idéalement aux classifications (et au contrôle) de la
psychologie et de la société. Les littératures classiques et
réalistes partagent les mêmes présupposés concernant
l'individu. L'accessibilité de la tragédie racinienne à la
critique psychanalytique prouve, d'une manière frap-
pante, cette continuité de la pensée occidentale quant à
la nature du sujet. Par exemple, les interprétations

psychanalytiques du théâtre racinien qu'ont proposées Charles Mauron et Roland Barthes, débarrassent les personnages de Racine de leur identité consciente pour les identifier aux rôles de fantasmes inconscients. Mais l'individu racinien tel que ces lectures le mettent au jour (*l'homme racinien* de Barthes) est aussi fortement structuré que celui que présentaient les portraits universitaires traditionnels des personnages de Racine.

Chez Mauron, en particulier, le diagramme traditionnel des passions conscientes est remplacé par un diagramme freudien d'une sexualité familiale, tout aussi peu ouvert aux signes de désirs non structurables et discontinus. Aucune de ces interprétations ne fait pourtant violence au texte racinien. Les œuvres de Racine lui-même, le vocabulaire critique des passions conscientes et la lecture psychanalytique des pulsions inconscientes sont des versions différentes de l'engagement d'une culture en faveur de la notion de personnalité structurée. Ce qui distingue les analyses freudiennes, c'est qu'elles proposent une histoire de la structure du sujet dont l'un des stades est la solidification des structures de la personnalité (qui sont la sublimation post-œdipienne de pulsions pré-œdipiennes). De cette façon, la psychanalyse démystifie en partie l'idée de pareilles structures en en donnant une explication historique au lieu de se contenter de les déduire du concept d'une nature humaine anhistorique. Mais, curieusement, l'histoire n'est pas contingente dans la pensée freudienne, ou plutôt, sa contingence se réduit à des variations individuelles sur des thèmes structurés permanents. Les stades du désir humain, tels qu'ils sont décrits par la psychanalyse, se déroulent dans le temps, mais cela ne les empêche pas d'être considérés comme des stades *nécessaires*. Notre vision de la forme de la personnalité humaine n'a plus de caution surnaturelle, mais la biologie et la logique psychanalytique peuvent nous offrir les cautions nécessaires et justifier la prétention d'une conception particulière du développement du sujet à la validité universelle.

Cependant, même aux époques où la littérature semble collaborer le plus étroitement à une conception de la personnalité comme structure cohérente et lisible, il est possible de trouver une littérature qui conteste ce point de vue. De fait, dans la France du XVIIe siècle, l'âge classique est, dans une certaine mesure, une réaction dirigée, au nom de cette cohérence, contre des représentations d'un sujet divisé et même vide. Les héros de Corneille, par exemple, n'ont qu'un moi virtuel ; leur liberté tient au vide même d'une conscience toujours prête à expérimenter de nouveaux rôles héroïques, conscience qui se dépouille continuellement de ses définitions et se projette vers des actions à venir. La poésie baroque offre une autre image d'un sujet sans amarres. L'organisation lâche du récit poétique, la disponibilité du poète face aux associations libres et discontinues, son intérêt passionné pour les aspects de la nature qui tendent à brouiller les formes et à jouer des tours à l'intelligence identificatrice, marquent toute une disposition, exceptionnellement confiante, à représenter le sujet sous forme de perceptions et de désirs fragmentés. Pour ce qui est de la prose, le XVIIIe siècle offre de nombreux exemples d'œuvres qui s'amusent à subvertir l'intelligibilité psychologique, ou tout au moins se désintéressent de la mise en scène de structures psychologiques sérieuses. Le personnage de roman n'est, dans une large mesure, qu'un prétexte à la variété des épisodes et à de divertissants changements de décor, ainsi que le fil conducteur souvent ténu qui relie entre elles les intrigues secondaires éparses et les digressions anecdotiques de Smollett et de Lesage. Diderot et Sterne minent constamment la crédibilité de leurs récits. Ils nous rappellent la présence manipulatrice de l'auteur, et soulignent ainsi le caractère conventionnel de toute description de la personnalité humaine par un romancier. L'auteur interrompt son histoire pour nous rappeler qu'il s'agit bien d'une histoire, et ce procédé (qui devient facilement mécanique et lassant puisque son but est atteint dès la première fois qu'on l'emploie) produit un effet sainement destructeur : il nous avertit qu'il ne faut pas considérer comme naturelles ou nécessaires les tendances du romancier à unifier le sujet en une totalité ordonnée.

Les romans du XIXᵉ siècle prendront rarement de tels risques. Je n'ai pas, bien entendu, l'intention de suggérer que la production romanesque du XVIIIᵉ siècle est d'une qualité supérieure à celle du XIXᵉ. Le nombre sans précédent de chefs-d'œuvre qui furent publiés de Jane Austen à Proust et à Mann rend absurde une pareille comparaison. J'essaie, bien plutôt, de dégager les présupposés concernant la nature du désir et de la personnalité qui ont inspiré ce qui fut, de l'aveu général, l'une des périodes les plus riches de l'histoire littéraire. Il est également vrai que, en ce qui concerne le contenu moral et psychologique, l'imagination réaliste embrasse une impressionnante étendue de possibilités humaines. Ce que je veux montrer, c'est que ces possibilités nous sont presque toujours présentées après qu'elles ont été soumises à ce que j'ai appelé le parti pris de la forme signifiante, et aussi que cette forme traduit en termes de technique romanesque une croyance en la forme signifiante et cohérente de la personnalité elle-même.

Cette croyance est si répandue dans la culture occidentale qu'il peut sembler superflu de montrer son influence sur quelques œuvres littéraires. Mais la confiance en l'ordre psychologique est un phénomène intéressant dans la littérature romanesque du XIXᵉ siècle, étant donné que l'histoire sociale aurait dû rendre, semble-t-il, extrêmement fragile une pareille confiance. Le romancier réaliste est conscient au plus haut point du contexte de fragmentation sociale dans lequel il écrit. Jane Austen sonne déjà l'alarme dans la deuxième partie de son œuvre, et Dickens et Balzac sont obsédés par la férocité chaotique des énergies humaines qui sont à l'œuvre dans la jungle d'une société chaotiquement « ouverte ». En un sens — et les critiques ont fréquemment mis cet aspect en évidence —, les romanciers du XIXe siècle ont tendance à considérer cette société d'un œil extrêmement sévère. Même quand ils sont fascinés, comme c'est le cas de Balzac, par la quantité d'énergie qui explose dans cette jungle sociale, ils s'attachent à montrer aussi l'inhumaine brutalité d'une société où « l'ordre » est toujours un simulacre d'ordre. Ceux qui ont réussi dans la mêlée de la lutte pour le pouvoir deviennent les porte-drapeau d'un conservatisme qui se préoccupe de préserver non pas les valeurs ou les traditions, mais plutôt le pouvoir qu'ils ont acquis. Comme l'a montré René Girard, les grands romanciers du XIXe siècle dénoncent dans cette société une sorte de communauté inauthentique du désir. L'harmonie sociale ne s'étend pas plus loin que l'imitation des désirs des autres ; on a besoin des autres pour savoir ce qui est désirable, et en même temps il faut éliminer les autres pour posséder les objets qu'ils ont désignés à nos appétits parasites.

Mais les jugements critiques qui sont portés sur la société sont tempérés par une forme fournissant à cette société un mythe qui la rassure sur elle-même. Le roman réaliste nous présente une image de fragmentation sociale comprise dans l'ordonnancement d'une forme signifiante — et suggère par là que ces fragments chaotiques sont, d'une certaine façon, socialement viables et moralement rachetables. Le roman se sert de l'anarchie sociale pour fabriquer du sens esthétique. Il aurait pu révéler qu'il participait lui-même de cette « culture » de l'anarchie. Le romancier aurait alors pu, ou bien assumer pleinement sa complicité avec les forces fragmentées de son temps, ou bien commencer à mettre à l'épreuve des versions moins destructrices de désirs fragmentés. Au lieu de cela, la littérature réaliste et naturaliste offre constamment à la société qui semble jugée si sévèrement le confort d'une vision systématique d'elle-même et la sécurité d'un sens structuré. Le désir même d'« être réaliste » représente un aspect crucial, bien qu'obscur, de cette connivence qui lie le romancier et la société. L'imagination organisatrice propre au romancier est donnée pour un principe objectif d'organisation. Le « sérieux » de l'art réaliste repose sur l'absence de tout rappel du fait qu'il s'agit bien d'art. En fait, l'ingéniosité avec laquelle le réalisme entretient la confusion entre les procédés d'un art particulier et la nature de la société en général apparaît jusque dans sa tendance à dénoncer les mensonges de l'art. Le roman réaliste nous met souvent en garde contre la façon dont les romans déforment la réalité, se désignant ainsi comme l'exception privilégiée au moment même où ils nous avertissent. Les romanciers du XIXᵉ siècle ne sont pas d'accord sur l'omniscience des narrateurs et sur la légitimité de commentaires explicites sur l'histoire qu'ils racontent, mais tout le monde semble s'accorder sur le but principal du romancier qui doit être de préserver l'illusion de réalité. La discussion porte sur le choix de la technique la plus propice à cette illusion. Personne — excepté Flaubert, et il constitue une exception ambiguë — n'est prêt à admettre que c'est à elle-même que l'œuvre d'art fait, avant tout, référence. En d'autres termes, nous pouvons dire que le romancier réaliste ne considère pas son propre travail en tant que romancier comme une démonstration d'un style de vie qui puisse se substituer aux styles prédominants de son temps. Il peut être désireux de condamner ces mœurs, mais il a déjà fait le sacrifice de son moyen de contestation le plus radical en répandant le mythe qui veut qu'il soit absent de son œuvre. C'est seulement en tant qu'observateur que le romancier admet sa présence, ou tout au plus en tant qu'éducateur ou législateur moral. Il n'admet pas qu'il

est présent sous la forme d'une instance de désir —
c'est-à-dire de quelqu'un qui, d'une part, désire *avec* la
société qu'il voudrait contester et, d'autre part, éprouve
des désirs qui sont inassimilables aux mœurs prédomi-
nantes. En conséquence, le romancier consacre une
bonne part des forces de son imagination à épargner à la
société la peine de regarder en face la superficialité de
son ordre et le caractère destructeur de ses appétits. Les
significations ordonnées de la littérature réaliste sont
présentées comme si elles étaient immanentes à la
société, alors qu'elles sont en fait les dénégations mythi-
ques de la nature fragmentaire de cette société.

En un sens, donc, le romancier réaliste tente désespé-
rément de maintenir la cohésion de ce dont il perçoit très
bien la désagrégation. L'aspect lâche ou élastique de la
forme romanesque est un signe de cette perception. Le
mythe ordonnateur de la société du XIXe siècle ne peut
évidemment plus être transmis dans les limites de
l'étroite discipline formelle de la tragédie classique. Il
faut tenir compte de trop d'éléments disparates. Le
roman accueille volontiers le disparate, généreusement
il laisse place à une grande diversité d'expérience ; mais
il constitue essentiellement un exercice de *réduction* de
ce relâchement auquel il semble souvent s'abandonner
avec indifférence. Et même quand les romanciers com-
mencent à faire preuve d'un certain scepticisme quant à
leur propre aptitude à trouver une forme salvatrice pour
les vies incohérentes et fragmentées qu'ils représentent,
ils défendent jusqu'au bout la structure rédemptrice au
lieu d'abandonner simplement toute leur entreprise
structurante.

La Guerre et la Paix et *Middlemarch* nous offrent deux
images de cet effort de réduction. Tolstoï s'élève dans *la
Guerre et la Paix* contre toutes les systématisations par
lesquelles les hommes tentent de simplifier l'histoire et
de la rendre intelligible, mais la valeur la plus positive, à
l'intérieur du roman, est une simplification institution-

nelle du désir. Les deux personnages les plus ouverts du roman — Pierre et Natacha — réalisent probablement l'idéal naturel tolstoïen en acceptant d'être définis presque exclusivement en tant que mari et femme. Lukacs a parlé de l'état d'esprit « profondément désespéré » décrit par Tolstoï dans la « paisible atmosphère de nursery » qui termine *la Guerre et la Paix*. Un amour qui est censé être une victoire de la nature sur les fausses subtilités de la culture est vécu, écrit Lukacs, comme une adaptation au niveau de convention le plus bas. De fait, en guise de conclusion à l'immense quête spirituelle de *la Guerre et la Paix,* Tolstoï porte agressivement aux nues une ménagère peu soignée, s'inquiétant constamment de l'état des couches de ses bébés. « Natacha avait besoin d'un mari. Un mari lui fut donné. Et son mari lui donna une famille. Et non seulement elle ne voyait aucune nécessité d'avoir un mari différent ou meilleur mais, comme toute son énergie spirituelle était consacrée au service de son mari et de ses enfants, elle ne pouvait imaginer, et ne trouvait aucun intérêt à imaginer, ce que serait sa vie s'il en était autrement. » Aucun discours exaltant la grande communauté biologique de la famille ne peut dissimuler le caractère brutalement réducteur de ce passage. Loin de réaliser l'universalisation de l'amour dont il est question ailleurs dans le roman, le mariage tolstoïen tend à la formation d'une cellule sociale fermée et autonome, confortablement indifférente au reste du monde. La fin de *la Guerre et la Paix* voudrait proposer une image de l'ordre historique : non pas le faux ordre historique des historiens, mais l'ordre naturel de la famille. Mais le caractère évident des bases naturelles de la famille permet à Tolstoï d'en dissimuler l'aspect socialement conventionnel. La transcendance de la culture en nature s'avère n'être qu'un retour obéissant à une forme sociale donnée — retour qui fournit un alibi biologique commode au conformisme social.

Middlemarch est un exemple frappant d'attitude

ambivalente à l'égard de la perspective d'établir des
relations signifiantes à l'intérieur du vécu. D'un certain
point de vue, c'est un roman qui décrit des tentatives
infructueuses de mise en relation. La *Clé de toutes les
mythologies* de Casaubon n'est rien d'autre qu'une
masse de notes éparpillées et sans lien. Lydgate doit
abandonner ses recherches médicales sur le « tissu primi-
tif », la « base commune » à partir de laquelle il aurait pu
énoncer « les rapports intimes de la structure vivante ».
Finalement, il n'y a pas de milieu social où puisse
s'accomplir pleinement l'héroïsme de Dorothea, et nous
sommes invités à la considérer comme l'équivalent
moderne d'une « sainte Thérèse, qui ne fonda rien, et
dont les battements de cœur amoureux et les pleurs
versés sur le Bien inaccessible ont vacillé et se sont
dispersés parmi les obstacles au lieu d'aboutir à quelque
action durable ». D'un autre point de vue, *Middlemarch*
traite de la force des relations — relations entre les
idéaux et les conditions sociales dans lesquelles ils
doivent être mis à l'épreuve, entre les choix moraux d'un
homme et les conséquences de ces choix sur la vie
d'autrui, entre « la psychologie d'un personnage » et « le
milieu dans lequel il évolue », comme l'écrit George
Eliot dans une lettre. George Eliot décrit son histoire
comme un « tissu minutieux » ; elle s'occupe à « démêler
certaines destinées humaines et à voir comment elles se
tissent et s'entrelacent ». Or, dans *Middlemarch,* les
véritables relations constituent un commentaire ironique
des relations idéales. Le « milieu confus » dans lequel
évoluent les personnages de George Eliot est une
parodie des structures dont ils rêvent, bien que celle-ci
parvienne à trouver les bases d'un optimisme modéré
dans l'idée que ce milieu n'est pas seulement influencé
par les actes d'un Bulstrode, mais aussi par une vie
comme celle de Dorothea. « ... L'évolution du monde
vers le bien dépend en partie d'actes qui n'ont rien
d'historique... » et « ... les effets de l'existence [de

Dorothea] sur ceux qui l'entouraient étaient incalculablement diffus ». Il faut apprendre à nous contenter de cet effet « incalculablement diffus » — et, si nous y parvenons, nous commencerons peut-être à percevoir d'innombrables exemples de l'inextricable interaction des vies humaines.

Cette conclusion est une conclusion très sensée, dans la tradition anglaise, mais c'est une note de consolation qui sonne curieusement dans un roman où les deux personnages les plus sympathiques (Dorothea et Lydgate) non seulement échouent dans leur tentative d'établir les relations dont ils rêvent, mais encore ne parviennent à entrer en relation l'un avec l'autre que d'une façon accessoire et même accidentelle. Ce n'est pas cette relation accessoire que je reprocherais à George Eliot, mais bien plutôt sa pieuse et gratuite détermination de tirer un réconfort moral de ces rapports « confus » et tendus qui sont les seules relations qu'elle peut envisager avec réalisme. Elle refuse d'abandonner le rêve d'une signification structurée, même si elle ne parvient à le préserver qu'au moyen d'une vague doctrine d'après laquelle la bonté individuelle finirait par modifier, de quelque façon, le cours de l'histoire, ou au prix d'une tentative plus désespérée encore pour montrer que l'écroulement même des rêves de ses protagonistes prouve que la vie est bien un tissu de relations. Même la trame de la vie moderne forme une structure signifiante, bien qu'il n'y ait plus place dans cette structure pour l'idéalisme d'une sainte Thérèse. Il vaut mieux voir les héros de roman être détruits par un milieu social avec lequel ils sont en rapport intime, organique, que d'assister à l'éclatement de leur comportement et de leur entourage en une série d'actions et de contextes souvent discontinus et fragmentés.

Enfin, l'inspiration même des intrigues de George Eliot révèle une détermination inquiète et tendue de tisser une seule trame avec tous les fils des nombreux aspects de la vie qu'elle a fait pénétrer dans son œuvre. Bien sûr, la littérature est toujours un exercice qui consiste à inventer une logique dramatique aux rapports imprévus qui s'établissent entre les choses. Mais chaque période ou chaque genre a ses critères qui décident de ce qui est acceptable parmi tous les stratagèmes permettant de réduire des suites d'actions trompeusement diverses en une seule structure. *Œdipe Roi* fait preuve d'une tolérance illimitée à l'égard de la coïncidence. En un sens, Œdipe est présomptueux en ceci qu'il croit pouvoir être assuré que des rapports ne s'établiront jamais entre les événements ; l'œuvre de Sophocle met en scène la tragédie de structures inexorablement signifiantes. En revanche, la littérature réaliste se targue d'une conception plus empirique de la vraisemblance. Mais l'impératif formel que je viens d'évoquer conduit souvent à des dénouements qui mettent sérieusement à mal cette vraisemblance que le romancier semblait observer si scrupuleusement. La fin de *Middlemarch* est un éclatement structural ; le lien inattendu qui est établi entre Bulstrode et Will est cousu des fils les plus grossiers et les plus visibles. Peut-être étions-nous disposés à penser qu'il était juste de reprocher à Dorothea et à Lydgate leur conception solipsiste des harmonies structurales de la vie ; leur idéalisme moral et scientifique n'envisageait pas que cette conception pût être modifiée par de nouvelles expériences. Mais quand George Eliot donne libre cours à son goût des structures romanesques idéalement unifiées, il est à craindre que nous ne considérions avec ironie le ton ironique qu'elle-même emploie pour rapporter la façon dont ses héros conçoivent, au début du roman, leur relation au milieu social dans lequel ils doivent vivre. Quand arrive la fin de *Middlemarch*, la présence de George Eliot dans son roman n'est plus du tout « incalculablement diffuse ». Elle établit des rapports que son œuvre nous avait appris, jusque-là, à considérer comme naïvement et impraticablement romanesques. L'influence subtile, presque indéfinissable, d'une vie sur toutes les autres vies a fait place à des mises en relation mélodramatiques fondées sur le crime et la coïncidence exceptionnelle. Ainsi le roman met en évidence, à notre grande surprise — et à son insu, je pense —, son propre statut d'artifice purement verbal par ce que nous pourrions appeler un désir excessivement ardent de démontrer la persistance de structures signifiantes dans la vie moderne.

Le désir est une menace pour la forme du récit réaliste. Le désir subvertit l'ordre social ; il fait aussi éclater l'ordre romanesque. Le roman du XIXe siècle est hanté par la possibilité de ces moments subversifs, et il les réprime avec une brutalité qui est à la fois choquante et logique au plus haut point. En termes formels, le désir est une sorte de gonflement structural ; c'est une maladie de la disjonction se développant dans une partie de la structure qui refuse d'être définie par rapport aux autres parties et revendique, en quelque sorte, une scandaleuse affinité avec des éléments étrangers à la structure. La littérature réaliste semble accorder une énorme importance aux désirs destructeurs en les incarnant dans ses héros. De fait, dans le roman réaliste, le conflit le plus fréquent est un conflit qui oppose une société et un héros refusant les limites que cette société voudrait imposer à ses devoirs et à ses satisfactions. Étant donné que ces limites sont fondées sur une conception reconnue du sujet, la révolte du héros est fondamentalement dirigée contre l'idée de sa propre nature qui est implicite dans les possibilités qui lui sont offertes.

Cependant, cette position centrale qu'occupe le désir destructeur dans le roman est très ambiguë. Tout d'abord, il est curieux de constater que les personnages principaux de nombreux romans du XIXe siècle sont ceux dont la présence est la plus vague ou la plus déroutante. Ce n'est pas qu'ils soient psychologiquement plus riches que les autres personnages — et par là plus difficiles à

enfermer dans des définitions critiques. Au contraire,
nous pourrions bien souvent nous plaindre à juste titre
que ces héros et ces héroïnes sont *moins* intéressants,
d'un point de vue psychologique, que les autres personnages du romancier, ou que leur densité confine dangereusement à l'inintelligibilité. De nombreux lecteurs ont
trouvé que Milly Theale et Maggie Verver sont des
héroïnes sans substance et sans épaisseur ; des critiques
se sont plaints que le personnage de Marcel dans *la
Recherche du temps perdu* n'est pas suffisamment fouillé,
étant donné la masse de signification morale et esthétique qui est censée reposer sur lui ; on dit que Fabrice et
Clelia, dans *la Chartreuse de Parme,* sont moins intéressants que Gina et Mosca ; les qualités qui séparent
Achab et le prince Mychkine des autres personnages de
Moby Dick et de *l'Idiot* ont l'ambiguïté d'intentions que
ces romans ne peuvent clarifier en offrant un contexte,
un milieu ou un champ dans lequel on puisse les
percevoir distinctement. Non seulement la société telle
qu'elle est représentée dans la littérature réaliste ne
parvient pas à fournir les occasions propices à l'accomplissement des passions exceptionnelles, mais la forme
même du roman réaliste est incapable d'accueillir de
telles passions. A mesure que le désir perturbe plus
fondamentalement l'ordre établi, le roman tend à devenir moins réaliste, plus allégorique : les personnages de
Moby Dick sont franchement emblématiques, et Balzac
a eu raison de placer celles de ses œuvres qui mettent en
jeu l'imagination désirante la plus extravagante — *la
Peau de chagrin, la Recherche de l'absolu* et *Séraphita* —
dans ses « romans philosophiques » et non pas parmi les
Scènes de la vie parisienne ou les *Scènes de la vie
provinciale,* plus réalistes.

Le roman réaliste admet les héros du désir pour
pouvoir les soumettre à des cérémonies d'expulsion.
Cette forme littéraire exige, pour que soit possible son
existence même, l'annihilation ou, pour le moins, la

maîtrise paralysante des tendances anarchiques. Dans un monde de structures signifiantes connexes, de commencements sans ambiguïté et de conclusions définitives, le héros est un intrus. Il est étranger au monde de la littérature réaliste — mais non pas parce que ce monde est le « véritable » monde, dont le romancier, dans sa sagesse, nous montre l'incompatibilité avec l'idéalisme quichottesque. Cette incompatibilité n'est rien d'autre qu'un choix *a priori* de la part du romancier, choix d'un monde d'un genre particulier qu'il s'applique à servir, comme je l'ai montré, avec une grande fidélité. Les présupposés techniques de la littérature réaliste — la nécessité de personnages « pleins » et intelligibles, d'une vraisemblance historique, de gestes ou d'épisodes révélateurs, d'un cadre temporel clos — excluent *déjà* de cette littérature toute aventure qui, par sa stimulante invraisemblance, ne se laisserait pas situer et interpréter dans une structure générale psychologique ou formelle. (On pourrait dire, par exemple, que la nature même du roman auquel elle appartient détermine le retour d'Isabel vers Osmond à la fin de *Portrait of a Lady* ; son rêve d'être libre a été mis en échec par la gamme restreinte des possibilités de liberté qui s'offrent à l'imagination réaliste. Richard Poirier a montré qu'Isabel, tout comme James lui-même, n'est plus capable d'imaginer à quel usage concret elle pourrait employer son désir d'être libre.) L'étrange imprécision de certains héros et de certaines héroïnes de roman n'est pas si étrange que cela : en un sens, le roman réaliste ne prévoit pas de tels personnages. Il a très peu à dire à leur sujet. Il peut seulement démontrer qu'ils sont étrangers à la société et au livre dans lequel ils ont été placés, avec une certaine perversité.

Pourtant ces héros sont souvent aussi très attirants, bien sûr. Ils semblent être l'incarnation d'une entreprise de subversion à laquelle le romancier lui-même a renoncé — sauf dans la mesure où il compatit avec son héros solitaire et généralement voué à l'échec. *Don Quichotte* est le modèle de cette ambivalence. Le roman de Cervantès fournit également l'exemple type du conflit structural que j'ai décrit, celui d'un héros exceptionnel avec une société qui ne l'est pas. A mesure que Cervantès semble se faire plus complice de la folie de son héros, il est significatif que son œuvre ait tendance à violer les conventions réalistes qu'elle a contribué à établir, plus que tout autre roman, dans l'histoire de la littérature. L'ambiguïté onirique de certains épisodes de la deuxième partie de *Don Quichotte* estompe les frontières qui séparent l'illusion de la réalité. La littérature réaliste repose sur la netteté de ces frontières, et pourtant le premier grand roman réaliste prend des risques étonnants par son jeu, parfois indécis, sur les éléments qui sont censés représenter la réalité et ceux qui sont censés représenter l'illusion. Cervantès permet aussi au destin de son roman de pénétrer à l'intérieur du roman lui-même ; dans la deuxième partie, la célébrité de *Don Quichotte* exerce une influence sur la vie des personnages de *Don Quichotte*. Le roman commence comme une satire de la littérature au nom de la réalité, mais il démontre également la nature irrésistiblement contagieuse de l'imagination littéraire. Les illusions de Don Quichotte influencent même Sancho Pança ; l'engouement du public de Cervantès pour les histoires de chevalerie est simplement remplacé par un engouement pour une satire des histoires de chevalerie ; et le prestige du roman de Cervantès en vient à modifier le contenu même de ce roman, qui évolue depuis une représentation naïve de ce que c'est que la « vraie » vie quand la littérature ne s'en mêle pas, jusqu'à une description plus complexe de l'inévitable séduction qu'exercent les extravagances littéraires sur la réalité *et* sur la littérature.

C'est d'une manière plus craintive que le romancier réaliste du XIXᵉ siècle exprime sa sympathie pour les idéaux et les désirs socialement perturbateurs de son héros. Il est vrai que seul le héros permet au romancier de prendre quelque répit dans sa marche vers le but que je viens de décrire : la découverte d'un ordre dans une société où le désordre est profond. Le processus de mise en ordre suppose une bonne part de critique sociale et le romancier aurait de bonnes raisons de considérer avec une certaine envie son héros condamné : lui au moins a refusé d'offrir à la société autre chose que l'affirmation de sa propre originalité. Mais simultanément, de telles affirmations sont présentées comme à la fois comiques et dangereuses. C'est le désaccord existant entre le désir individuel et un milieu dans lequel il n'existe pas d'occasion qui permette l'accomplissement de ce désir qui est à la base de la comédie. Or la comédie, comme l'a remarqué Ortega y Gasset, « est le genre littéraire des partis conservateurs ». Elle montre l'immense pouvoir de ce qui existe déjà : tout individu qui est en dehors des structures existantes peut être rendu ridicule par le seul fait qu'il ne se rattache à rien, n'a rien à faire et nulle part où aller. Cette destinée indépendante est également dangereuse. Étant donné la place que le roman consacre à une imagination qui est étrangère à l'imagination de son héros, il est fatal que cette dernière finisse par être évincée du roman. De ce point de vue, la longueur d'un grand nombre de romans du XIXᵉ siècle est un facteur important. Les forces de résistance de la banalité s'ajoutent à celles de la continuité ; ainsi le seul nombre des éléments qui entourent le héros permet au romancier de s'opposer avec succès à une psychologie particulière qui, dès le départ, subit le désavantage de n'avoir pas de moyen d'expression par lequel elle pourrait donner sa mesure et se défendre.

Le caractère à la fois dangereux et comique de ces désirs rebelles apparaît particulièrement en évidence dans la destinée de Julien Sorel et de Fabrice del Dongo. Tous deux meurent parce que leurs désirs sont incompatibles avec la société dans laquelle ils vivent ; et pourtant

Stendhal s'applique à ne pas traiter ces désirs avec un sérieux absolu. Le secret du bonheur des héros stendhaliens est une anomalie, un peu comique, dans le monde stendhalien. Bien entendu, le monde de Paris, de Verrières et de Parme est ridicule, mais il est aussi puissant. Il est presque littéralement vrai qu'il n'y a pas place, dans *le Rouge et le Noir* et dans *la Chartreuse de Parme,* pour l'aventure du bonheur. Julien n'échappe à son monde que dans le jardin de Mme de Rênal et dans sa prison ; c'est la cellule de la tour Farnèse qui sera la retraite de Fabrice. Il est vrai que rien n'a plus de valeur, dans les romans de Stendhal, que ces retraites, mais le rêve qui les rend si précieuses est dangereusement naïf. Stendhal indique qu'il reconnaît cette naïveté par le ton de moquerie affectueuse qu'il emploie pour parler de ses héros. Ils sont des enfants dans un monde adulte que Stendhal méprise mais ne néglige jamais. L'ironie avec laquelle il considère Julien et surtout Fabrice est, bien sûr, un moyen de prévenir notre propre ironie, mais s'il aime ses héros, il permet aussi qu'ils meurent. Ils sont attirants, amusants, spirituellement supérieurs et condamnés à l'échec.

L'extraordinaire prudence avec laquelle Stendhal se fait complice des désirs les plus profonds de ses héros est bien représentative de la prudence du romancier réaliste. A travers son héros, le romancier cède à la tentation de rejeter la société tout en punissant cette rébellion. La littérature réaliste fait peut-être preuve d'une perversité séduisante quand elle proclame la supériorité d'une imagination qu'elle condamne inexorablement. Mais il est facile de voir la nature profondément irréaliste d'une telle proclamation : dans la littérature réaliste, elle ne peut représenter autre chose qu'une nostalgie sentimentale. Au XIXe siècle, les personnages qui refusent d'accepter les limites que la société impose au sujet, à sa nature et à l'étendue de ses désirs, deviennent les boucs émissaires de cette société. Le charme d'un grand nombre de ces héros semble résulter de l'éclairage plus important dont ils bénéficient parce qu'ils incarnent des tendances séduisantes mais coupables ; ils brillent d'un plus grand éclat au moment du sacrifice. L'expulsion du bouc émissaire a une fonction culturelle de stabilisation, René Girard en a fait une brillante démonstration dans *la Violence et le Sacré ;* ce sacrifice peut être le moyen de briser ce que Girard considère comme un cercle vicieux de la violence dans la société et rendra possible des processus de structuration et de différenciation sociale. Du point de vue que j'ai adopté dans cette étude, la violence propre aux héros de roman — violence qui caractérise des êtres aussi différents qu'Achab, Isabel Archer et Fabrice del Dongo — consiste à constater les catégories mêmes à l'intérieur desquelles le roman enferme ses personnages et les définit. La garantie la plus sûre de l'ordre social est peut-être la cohérence psychologique, et le romancier du XIXe siècle, en choisissant de présenter des personnages psychologiquement structurés, offre à ses lecteurs bien plus que la simple satisfaction intellectuelle de contempler des formes bien organisées. Il a opté pour la lisibilité constante de la personne humaine, il l'affirme même avec insistance. L'apparence chaotique de la vie sociale est une illusion relativement inoffensive, et l'écrivain envoie ainsi à la société un message qui la rassure sur sa stabilité et son ordre fondamental : il est possible de prévoir une certaine continuité dans les désirs de différentes personnes, aussi bien que dans les désirs de chaque individu ; on peut interpréter les comportements, les structures, en faire des intrigues.

Les héros sont souvent les points faibles du roman, ses moments menaçants d'illisibilité. Ils constituent une famille considérable, considérablement diversifiée ; on peut mentionner, par exemple, René chez Chateaubriand, Deerslayer chez Cooper, Vautrin et Balthazar Claës chez Balzac, Julien Sorel et Fabrice del Dongo, le

capitaine Achab, Hester Prynne et Zenobia chez Hawthorne, Dorothea Brooke, Heathcliff, Emma Bovary,
Milly Theale et Maggie Verver, Tonio Kröger, le prince
Mychkine. En l'absence de ces personnages, les romans
dont ils font partie n'auraient pas de raison d'être ; mais
le monde extérieur parvient presque toujours à étouffer
la vie dont ils animent ces romans, et nous sommes
invités à considérer que cette victoire est à la fois
décourageante et inévitable. Le héros du roman réaliste
soutient une structure qui prévoit qu'il soit lui-même
expulsé des structures viables de l'œuvre et de l'existence. Le romancier rend sympathique un être qui met
en évidence la nature factice de l'ordre social et esthétique au nom duquel cet être sera sacrifié. La prudence
réaliste ne l'empêche donc pas de prendre certains
risques : comment pourrions-nous éviter de ressentir une
préférence pour la victime héroïque ? Le lecteur, tout
comme la société qui nous est présentée dans le roman,
est rempli d'effroi et de fascination par ces boucs
émissaires, représentants d'un excès ou d'une violence
secrète qui préfigure peut-être une explosion structurale, mais qui éveille aussi l'instinct de conservation d'un
ordre stable. Le héros est à la fois une incitation et un
avertissement. L'incitation ne saurait être plus prudente
ou plus indirecte. Le roman réaliste parvient toujours à
canaliser ou à punir les débordements d'énergie vitale de
ses héros ; il ne les tolère que dans les personnages
secondaires, sous la forme dégradée d'amusantes excen-
tricités.

Dans la littérature du XIXe siècle, cette terreur du désir
s'incarne souvent dans les héros eux-mêmes. Ces derniers sont loin de représenter toujours ces boucs émissaires révoltés que je viens de décrire, et rien dans le roman
réaliste n'est peut-être plus étonnant que cette position
centrale qu'occupent fréquemment des personnages
dont la fonction principale semble être d'étouffer le désir
et le mouvement. La littérature du XIXe siècle nous

fournit de nombreux exemples de ce que nous pourrions appeler l'immobilité héroïque. Or ces héros et ces héroïnes immobiles constituent un phénomène complexe. Parfois ils nous avertissent sans ambiguïté des dangers du désir. Raphaël de Valentin, dans *la Peau de chagrin* de Balzac, et Fanny Price, dans *Mansfield Park* de Jane Austen, ont pour fonction de nous transmettre de tels avertissements chargés d'une insistance particulière. Chez Balzac, le désir est ontologiquement castrateur : il dissipe les forces du moi et raccourcit la vie ; chez Jane Austen, l'intégrité du moi est mise en péril par le moindre de ses mouvements. L'agitation des Crawford est opposée à l'immobilité suffisante de l'héroïne, qui semble presque suggérer que le non-être constitue le dernier mot de la sagesse dans le monde menacé de *Mansfield Park*. D'une manière plus indirecte, Miles Coverdale, dans *The Blithedale Romance* de Hawthorne, déprécie l'expérience de réforme psychologique et sociale de Blithedale par la vision rêveuse et paresseusement ironique qu'il nous en communique. Le héros immobile est souvent le centre de la narration, et ce pouvoir de l'immobilité peut être exprimé par le biais du pouvoir de la narration. Fanny Price se contente presque de juger les autres personnages de *Mansfield Park,* et la puissance de la description dans le récit de Hawthorne est si grande qu'elle parvient à irréaliser le monde qui est en train d'être décrit. La tentative de redéfinition des désirs humains dans le cadre de Blithedale sombre dans une vague torpeur sous l'influence des descriptions floues et peu concluantes de Coverdale ; et *The Blithedale Romance* est bien une « romance », plutôt qu'un roman, à cause de la complicité ambiguë de Hawthorne avec cet estompage des contours de la réalité qu'opère constamment Coverdale.

Cette maîtrise du désir est aussi, chez Balzac, Jane Austen et Hawthorne, un triomphe de la stabilité sociale. Dans *la Peau de chagrin,* c'est Foedora qui parvient à discipliner le désir, et Foedora, comme l'annonce Balzac à la fin du roman, « est partout, elle est, si vous voulez, la Société ». Après l'épisode de Blithedale, Coverdale reprend sa vie de Boston, confortable et régulière. Mansfield Park est enfin débarrassé de ses éléments perturbateurs, et Fanny et Edmund pourront vivre dans un milieu digne de leur valeur morale. Mais, dans son remarquable roman, Jane Austen suggère aussi que la vie entièrement conforme aux principes, qui est représentée par Mansfield Park, est peut-être en voie de disparition dans la société moderne. Fanny et Edmund sont une survivance anachronique d'une civilisation dans laquelle l'ordre extérieur reposait sur une attentive mise en valeur d'un ordre intérieur à la personnalité. Mais la société moderne — et surtout la société urbaine moderne — n'a plus besoin d'eux. Les Crawford, malgré leur instabilité ontologique, sont d'idéals citoyens de Londres. Londres parvient à prospérer sans principes et sans moralité. Et si tel est le cas, cette immobilité héroïque, cet attachement à l'ordre dans le moi et dans la société seront privés de toute possibilité de s'exercer dans un contexte réel — situation qui permet au héros de renoncer à sa mission, et de sortir, d'un bond inopiné, de son moi, de la société et du roman lui-même.

C'est exactement ce qui se produit dans *les Ailes de la colombe* et *la Coupe d'or* de James, qui présentent tous deux d'intéressantes analogies avec *Mansfield Park*. Dans ces trois œuvres, le désir destructeur s'accompagne d'un respect cynique des formes sociales. Tout comme Mary Crawford, Kate Croy et Charlotte Start adorent se donner en représentation. Toutes trois sont opposées à des héroïnes qui sont silencieuses et n'ont rien de théâtral ; Fanny, Milly et Maggie n'ont pas le don de projeter leur moi dans le monde. Dans chacun des cas, un homme hésite entre la brillante actrice, d'une respectabilité plus ou moins cynique, et une femme qui se contente à peu près d'attendre qu'il reconnaisse sa supériorité spirituelle. Mais, dans *Mansfield Park,* on peut démontrer l'existence d'une cohérence entre Fanny, un certain type de vie sociale, et la catégorie dans laquelle se situent les romans de Jane Austen. Les jugements de Fanny confèrent une signification morale aux événements de *Mansfield Park*. Les Crawford y contribuent indirectement par leur extériorisation théâtrale ; en voyant un sens moral à toutes leurs paroles et à toutes leurs actions, Fanny les discrédite, mais garantit aussi qu'ils ont, en tant que personnages intelligibles, leur place dans le roman. C'est pourquoi elle joue un rôle dans l'élaboration de la forme signifiante de Jane Austen, où chaque épisode est toujours un épisode révélateur, contribuant à l'unique structure de signification de l'œuvre tout entière. Chez James, au contraire, la résistance opposée au personnage potentiellement destructeur aboutit à la destruction des conditions nécessaires au roman réaliste. L'immobilité de Milly Theale et de Maggie Verver n'a pas l'effet d'un aimant qui ramènerait les écarts de conduite de Densher et d'Amerigo à l'intérieur d'un ordre social et romanesque idéal. Les héroïnes de James attirent bien plutôt les deux hommes à l'intérieur d'une communauté de passion pour laquelle il n'y a pas de place dans le monde de la réalité et pas de langage dans le roman réaliste. Loin d'affirmer le triomphe des formes sociales et des traditions qui ont été menacées tout au long du roman, le mariage de Maggie, contrairement à celui de Fanny Price, n'est qu'un cadre institutionnel commode permettant d'accueillir des désirs dont aucune carte des structures sociales n'a prévu la place. Dans *les Ailes de la colombe,* l'influence de Milly est à son maximum après sa mort et la nature de cette influence est inexprimable. La passivité, l'absence et le silence sont les subterfuges que James emploie dans *les Ailes de la colombe* pour s'échapper d'une forme littéraire dont il était l'un des plus grands praticiens, et des réalités sociales que cette forme suppose et, pour l'essentiel, défend.

Indiquer que les désirs importuns et destructeurs triomphent dans un lieu inaccessible au roman réaliste, est-ce là le seul moyen pour le roman de s'en accommoder ? Lawrence et Proust sont peut-être les seuls qui aient laissé jouer librement ces désirs à l'intérieur de leurs récits sans faire exploser les cadres mêmes du récit réaliste. Je voudrais terminer cette étude par un bref examen de l'œuvre de Proust considérée sous cet angle. La résurrection du passé de Marcel dans la *Recherche du temps perdu* est, pour l'essentiel, une résurrection de désirs perdus. En un sens, Marcel n'est rien d'autre qu'une succession de désirs — c'est-à-dire qu'il revit constamment le sentiment d'un manque. Mais, en art, le manque existentiel du désir est ressenti comme une plénitude d'images ; dans le monde de mots qu'est la littérature, la réalité manquante est présente dans le langage qui affirme son absence.

Chez Proust, l'écriture représente l'« agitation » dangereuse qui détruit l'immobilité prudente mais stérile du narrateur. C'est en renonçant à toute autre activité pour se souvenir et réinventer ses désirs qu'il agira. La satisfaction du désir est tout aussi liée à des fantasmes de mort, chez Proust, qu'elle l'était chez Balzac, dans *la Peau de chagrin ;* la décision d'écrire, dans *le Temps retrouvé,* provoque chez le narrateur une angoisse semblable à celle qu'éprouvait le jeune Marcel quand il se masturbait. De plus, *A la recherche du temps perdu* explicite la logique psychique du lien qui unit le désir à l'idée de la mort. La peur du désir est, chez Proust comme chez Balzac, une peur de la désagrégation psychique. La *Recherche* est un immense témoignage qui affirme le pouvoir de désagrégation du désir. En un sens, le sujet désagrégé est une cause de terreur. Il suffit que Marcel affirme des désirs indépendants de ceux de sa mère pour qu'il se sente douloureusement séparé non seulement de sa mère, mais encore de lui-même. La colère de *maman,* comme nous pouvons le constater dans l'épisode où Marcel, à Venise, lui désobéit pour pouvoir s'attarder à l'hôtel dans l'espoir d'une aventure sexuelle, exerce un effet castrateur sur le monde et sur le moi : Venise n'est plus qu'un méconnaissable tas de pierres entouré d'une eau qui est réduite à ses constituants chimiques (et dépouillée, par là même, de toute personnalité, privée de toutes ses associations artistiques et historiques), et Marcel lui-même n'est plus qu'« un cœur qui battait ». Qui plus est, les désirs des autres exercent sur leur personnalité un effet de décentrement qui nous empêche de parvenir à les connaître. Ce qui est horrible dans la jalousie, c'est que l'amant ignore *de quoi* il doit être jaloux. Le désir divise le sujet en une multitude de rôles sans liens, et l'amant se perd dans le labyrinthe des sujets partiels qu'impliquent les désirs changeants, fuyants de l'aimé. Le désir met ainsi l'être même en question ; l'idée d'un sujet cohérent et unifié est mise en péril par les images discontinues et logiquement incompatibles d'une imagination désirante.

Mais, si Proust est unique parmi les écrivains dont je viens de parler, c'est parce que ces processus de dispersion du sujet ne représentent pas uniquement une source d'angoisse ; il les utilise également comme une source inépuisable d'enrichissement de son œuvre. La théâtralité du moi, qui inspirait une telle crainte dans *Mansfield Park* et dans *The Blithedale Romance,* devient, dans la *Recherche,* le principe d'une expansion psychologique et esthétique. Même les révélations qui semblent protéger Marcel de la désagrégation du sujet ont pour effet inattendu de mettre en valeur la *séduction* qu'exerce cette désagrégation. Par exemple, la redécouverte du passé par la mémoire involontaire du narrateur offre une preuve rassurante de l'existence d'« un moi individuel identique et permanent », mais fait aussi éclater les cadres du sujet en modifiant sa conception du passé. A la

limites de ces présupposés. Comme Fanny Price et Maggy Verver, le narrateur de Proust doit affronter la menace que constituent les désirs dévoyés d'autrui. Mais il n'y a pas, dans la *Recherche,* d'ordre social ou moral qu'on puisse opposer avec succès à ces désirs. Et pourtant, contrairement aux héroïnes de James dans *les Ailes de la colombe* et *la Coupe d'or,* le narrateur proustien n'essaie pas d'échapper au désordre en se retirant de toutes les scènes où le désir pourrait être exprimé ou représenté. Comme la plupart des romans réalistes, *la Coupe d'or* a une fin concluante, mais cela n'est possible que parce que le prince et Maggy abandonnent toute narration, parce que le récit lui-même se tait sous la pression d'une passion insistante. Le narrateur proustien, au contraire, réagit aux faux-fuyants et aux tromperies du langage en produisant un texte. L'impossibilité même de trouver l'ordre et la vérité dans le monde est le pré-texte auquel nous renvoie le texte de la *Recherche.* L'histoire d'un sujet désirant nous montre que l'angoisse qui accompagne ce désir n'a guère de raison d'être. Évoquer le passé devient pour Marcel prétexte à inventer de multiples versions de ce passé, à confirmer, par là même, non pas la « permanence » d'un sujet « identique », mais la vigueur d'un sujet en train de se faire. C'est peut-être en démontrant que le sujet et l'œuvre sont par essence incomplets, en démontrant qu'ils ne s'installent jamais dans les significations définitives qui réduisent le travail artistique à un simple dévoilement de vérités psychologiques, qu'*A la recherche du temps perdu* s'oppose au réalisme avec la plus grande efficacité.

Traduit de l'anglais par Daniel Ferrer.

ROLAND BARTHES

L'effet de réel *

Lorsque Flaubert, décrivant la salle où se tient Mme Aubain, la patronne de Félicité, nous dit qu'« *un vieux piano supportait, sous un baromètre, un tas pyramidal de boîtes et de cartons* [1] », lorsque Michelet, racontant la mort de Charlotte Corday et rapportant que dans sa prison, avant l'arrivée du bourreau, elle reçut la visite d'un peintre qui fit son portrait, en vient à préciser qu' « *au bout d'une heure et demie, on frappa doucement à une petite porte qui était derrière elle* [2] », ces auteurs (parmi bien d'autres) produisent des notations que l'analyse structurale, occupée à dégager et à systématiser les grandes articulations du récit, d'ordinaire et jusqu'à présent, laisse pour compte, soit que l'on rejette de l'inventaire (en n'en parlant pas) tous les détails « superflus » (par rapport à la structure), soit que l'on traite ces mêmes détails (l'auteur de ces lignes l'a lui-même tenté [3]) comme des « remplissages » (catalyses), affectés d'une valeur fonctionnelle indirecte, dans la mesure où, en s'additionnant, ils constituent quelque indice de caractère ou d'atmosphère, et peuvent être ainsi finalement récupérés par la structure.

Il semble pourtant que, si l'analyse se veut exhaustive (et de quelle valeur pourrait bien être une méthode qui

* Publié originellement dans *Communications*, 11, 1968.

ne rendrait pas compte de l'intégralité de son objet, c'est-à-dire, en l'occurrence, de toute la surface du tissu narratif ?), en cherchant à atteindre, pour leur assigner une place dans la structure, le détail absolu, l'unité insécable, la transition fugitive, elle doive fatalement rencontrer des notations qu'aucune fonction (même la plus indirecte qui soit) ne permet de justifier : ces notations sont scandaleuses (du point de vue de la structure), ou, ce qui est encore plus inquiétant, elles semblent accordées à une sorte de *luxe* de la narration, prodigue au point de dispenser des détails « inutiles » et d'élever ainsi par endroits le coût de l'information narrative. Car si, dans la description de Flaubert, il est à la rigueur possible de voir dans la notation du piano un indice du standing bourgeois de sa propriétaire et dans celle des cartons un signe de désordre et comme de déshérence, propres à connoter l'atmosphère de la maison Aubain, aucune finalité ne semble justifier la référence au baromètre, objet qui n'est ni incongru ni significatif et ne participe donc pas, à première vue, de l'ordre du *notable* ; et dans la phrase de Michelet, même difficulté à rendre compte structuralement de tous les détails : que le bourreau succède au peintre, cela seul est nécessaire à l'histoire : le temps que dura la pose, la dimension et la situation de la porte sont inutiles (mais le thème de la porte, la douceur de la mort qui frappe ont une valeur symbolique indiscutable). Même s'ils ne sont pas nombreux, les « détails inutiles » semblent donc névitables : tout récit, du moins tout récit occidental de type courant, en possède quelques-uns.

La notation insignifiante [4] (en prenant ce mot au sens fort : apparemment soustraite à la structure sémiotique du récit) s'apparente à la description, même si l'objet semble n'être dénoté que par un seul mot (en réalité, le mot pur n'existe pas : le baromètre de Flaubert n'est pas cité en soi : il est situé, pris dans un syntagme à la fois référentiel et syntaxique) ; par là est souligné le caractère énigmatique de toute description, dont il faut dire un mot. La structure générale du récit, celle du moins qui a été analysée ici et là jusqu'à présent, apparaît comme essentiellement *prédictive* ; en schématisant à l'extrême, et sans tenir compte des nombreux détours, retards, revirements et déceptions que le récit impose institutionnellement à ce schéma, on peut dire qu'à chaque articulation du syntagme narratif, quelqu'un dit au héros (ou au lecteur, peu importe) : si vous agissez de telle manière, si vous choisissez telle partie de l'alternative, voici ce que vous allez obtenir (le caractère *rapporté* de ces prédictions n'en altère pas la nature pratique). Tout autre est la description ; elle n'a aucune marque prédictive ; « analogique », sa structure est purement sommatoire et ne contient pas ce trajet de choix et d'alternatives qui donne à la narration le dessin d'un vaste *dispatching,* pourvu d'une temporalité référentielle (et non plus seulement discursive). C'est là une opposition qui, anthropologiquement, a son importance : lorsque, sous l'influence des travaux de von Frisch, on s'est mis à imaginer que les abeilles pouvaient avoir un langage, il a bien fallu constater que, si ces animaux disposaient d'un système prédictif de danses (pour rassembler leur nourriture), rien n'y approchait d'une *description*[5]. La description apparaît ainsi comme une sorte de « propre » des langages dits supérieurs, dans la mesure, apparemment paradoxale, où elle n'est justifiée par aucune finalité d'action ou de communication. La singularité de la description (ou du « détail inutile ») dans le tissu narratif, sa solitude, désigne une question qui a la plus grande importance pour l'analyse structurale des récits. Cette question est la suivante : tout, dans le récit, est-il signifiant, et sinon, s'il subsiste dans le syntagme narratif quelques plages insignifiantes, quelle est en définitive, si l'on peut dire, la signification de cette insignifiance ?

Il faut d'abord rappeler que la culture occidentale, dans l'un de ses courants majeurs, n'a nullement laissé la

description hors du sens et l'a pourvue d'une finalité
parfaitement reconnue par l'institution littéraire. Ce
courant est la rhétorique et cette finalité est celle du
« beau » : la description a eu pendant longtemps une
fonction esthétique. L'Antiquité avait très tôt adjoint
aux deux genres expressément fonctionnels du discours,
le judiciaire et le politique, un troisième genre, l'épidic-
tique, discours d'apparat, assigné à l'admiration de
l'auditoire (et non plus à sa persuasion), qui contenait en
germe — quelles que fussent les règles rituelles de son
emploi : éloge d'un héros ou nécrologie — l'idée même
d'une finalité esthétique du langage ; dans la néo-
rhétorique alexandrine (celle du IIᵉ siècle après J.-C.), il
y eut un engouement pour l'*ekphrasis,* morceau brillant,
détachable (ayant donc sa fin en soi, indépendante de
toute fonction d'ensemble), qui avait pour objet de
décrire des lieux, des temps, des personnes ou des
œuvres d'art, tradition qui s'est maintenue à travers le
Moyen Age. A cette époque (Curtius l'a bien souligné [6]), la description n'est assujettie à aucun réalisme ;
peu importe sa vérité (ou même sa vraisemblance) ; il n'y
a aucune gêne à placer des lions ou des oliviers dans un
pays nordique ; seule compte la contrainte du genre
descriptif ; le vraisemblable n'est pas ici référentiel, mais
ouvertement discursif : ce sont les règles génériques du
discours qui font la loi.

Si l'on fait un saut jusqu'à Flaubert, on s'aperçoit que
la fin esthétique de la description est encore très forte.
Dans *Madame Bovary,* la description de Rouen (référent réel s'il en fut) est soumise aux contraintes tyranni-
ques de ce qu'il faut bien appeler le vraisemblable
esthétique, comme en font foi les corrections apportées à
ce morceau au cours de six rédactions successives [7]. On y
voit d'abord que les corrections ne procèdent nullement
d'une considération accrue du modèle : Rouen, perçu
par Flaubert, reste toujours le même, ou plus exactement, s'il change quelque peu d'une version à

l'autre, c'est uniquement parce qu'il est nécessaire de resserrer une image ou d'éviter une redondance phonique réprouvée par les règles du beau style, ou encore de « caser » un bonheur d'expression tout contingent [8] ; on y voit ensuite que le tissu descriptif, qui semble à première vue accorder une grande importance (par sa dimension, le soin de son détail) à l'objet *Rouen*, n'est en fait qu'une sorte de fond destiné à recevoir les joyaux de quelques métaphores rares, l'excipient neutre, prosaïque, qui enrobe la précieuse substance symbolique, comme si, dans Rouen, importaient seules les figures de rhétorique auxquelles la vue de la ville se prête, comme si Rouen n'était notable que par ses substitutions *(les mâts comme une forêt d'aiguilles, les îles comme de grands poissons noirs arrêtés, les nuages comme des flots aériens qui se brisent en silence contre une falaise)* ; on y voit enfin que toute la description est *construite* en vue d'apparenter Rouen à une peinture : c'est une scène peinte que le langage prend en charge (« *Ainsi, vu d'en haut, le paysage tout entier avait l'air immobile comme une peinture* ») ; l'écrivain accomplit ici la définition que Platon donne de l'artiste, qui est un faiseur au troisième degré, puisqu'il imite ce qui est déjà la simulation d'une essence [9]. De la sorte, bien que la description de Rouen soit parfaitement « impertinente » par rapport à la structure narrative de *Madame Bovary* (on ne peut la rattacher à aucune séquence fonctionnelle ni à aucun signifié caractériel, atmosphériel ou sapientiel), elle n'est nullement scandaleuse, elle se trouve justifiée, sinon par la logique de l'œuvre, du moins par les lois de la littérature : son « sens » existe, il dépend de la conformité, non au modèle, mais aux règles culturelles de la représentation.

Toutefois, la fin esthétique de la description flaubertienne est toute mêlée d'impératifs « réalistes », comme si l'exactitude du référent, supérieure ou indifférente à toute autre fonction, commandait et justifiait seule, apparemment, de le décrire, ou — dans le cas des descriptions réduites à un mot — de le dénoter : les contraintes esthétiques se pénètrent ici — du moins à titre d'alibi — de contraintes référentielles : il est probable que, si l'on arrivait à Rouen en diligence, la vue que l'on aurait en descendant la côte qui conduit à la ville ne serait pas « objectivement » différente du panorama que décrit Flaubert. Ce mélange — ce chassé-croisé — de contraintes a un double avantage : d'une part la fonction esthétique, en donnant un sens « au morceau », arrête ce que l'on pourrait appeler le vertige de la notation ; car, dès lors que le discours ne serait plus guidé et limité par les impératifs structuraux de l'anecdote (fonctions et indices), plus rien ne pourrait indiquer pourquoi arrêter les détails de la description ici et non là : si elle n'était pas soumise à un choix esthétique ou rhétorique, toute « vue » serait inépuisable par le discours : il y aurait toujours un coin, un détail, une inflexion d'espace ou de couleur à rapporter ; et d'autre part, en posant le référent pour réel, en feignant de le suivre d'une façon esclave, la description réaliste évite de se laisser entraîner dans une activité fantasmatique (précaution que l'on croyait nécessaire à l'« objectivité » de la relation) ; la rhétorique classique avait en quelque sorte institutionnalisé le fantasme sous le nom d'une figure particulière, l'hypotypose, chargée de « mettre les choses sous les yeux de l'auditeur », non point d'une façon neutre, constative, mais en laissant à la représentation tout l'éclat du désir (cela faisait partie du discours vivement éclairé, aux cernes colorés : l'*illustris oratio*) ; en renonçant déclarativement aux contraintes du code rhétorique, le réalisme doit chercher une nouvelle raison de décrire.

Les résidus irréductibles de l'analyse fonctionnelle ont ceci de commun, de dénoter ce qu'on appelle couramment le « réel concret » (menus gestes, attitudes transitoires, objets insignifiants, paroles redondantes). La « représentation » pure et simple du « réel », la relation nue de « ce qui est » (ou a été) apparaît ainsi comme une résistance au sens ; cette résistance confirme la grande opposition mythique du vécu (du vivant) et de l'intelligible ; il suffit de rappeler que, dans l'idéologie de notre temps, la référence obsessionnelle au « concret » (dans ce que l'on demande rhétoriquement aux sciences humaines, à la littérature, aux conduites) est toujours armée comme une machine de guerre contre le sens, comme si, par une exclusion de droit, ce qui vit ne pouvait signifier — et réciproquement. La résistance du « réel » (sous sa forme écrite, bien entendu) à la structure est très limitée dans le récit fictif, construit par définition sur un modèle qui, pour les grandes lignes, n'a d'autres contraintes que celles de l'intelligible ; mais ce même « réel » devient la référence essentielle dans le récit historique, qui est censé rapporter « ce qui s'est réellement passé » : qu'importe alors l'infonctionnalité d'un détail, du moment qu'il dénote « ce qui a eu lieu » : le « réel concret » devient la justification suffisante du dire. L'histoire (le discours historique : *historia rerum gestarum*) est en fait le modèle de ces récits qui admettent de remplir les interstices de leurs fonctions par des notations structuralement superflues, et il est logique que le réalisme littéraire ait été, à quelques décennies près, contemporain du règne de l'histoire « objective » à quoi il faut ajouter le développement actuel des techniques, des œuvres et des institutions fondées sur le besoin incessant d'authentifier le « réel » : la photographie (témoin brut de « ce qui a été là »), le reportage, les expositions d'objets anciens (le succès du show Toutankhamon le montre assez), le tourisme des monuments et des lieux historiques. Tout cela dit que le « réel » est réputé se suffire à lui-même, qu'il est assez fort pour démentir toute idée de « fonction », que son énonciation n'a nul besoin d'être intégrée dans une structure et que l'*avoir-été-là* des choses est un principe suffisant de la parole.

Dès l'Antiquité, le « réel » était du côté de l'Histoire ; mais c'était pour mieux s'opposer au vraisemblable, c'est-à-dire à l'ordre même du récit (de l'imitation ou « poésie »). Toute la culture classique a vécu pendant des siècles sur l'idée que le réel ne pouvait en rien contaminer le vraisemblable ; d'abord parce que le vraisemblable n'est jamais que de l'opinable : il est entièrement assujetti à l'opinion (du public) ; Nicole disait : « *Il ne faut regarder les choses comme elles sont en elles-mêmes, ni telles que les sait celui qui parle ou qui écrit, mais par rapport seulement à ce qu'en savent ceux qui lisent ou qui entendent* [10] » ; ensuite parce qu'il est général, non particulier, ce qu'est l'Histoire, pensait-on (d'où la propension, dans les textes classiques, à fonctionnaliser tous les détails, à produire des structures fortes et à ne laisser, semble-t-il, aucune notation sous la seule caution du « réel ») ; enfin parce que, dans le vraisemblable, le contraire n'est jamais impossible, puisque la notation y repose sur une opinion majoritaire, mais non pas absolue. Le grand mot qui est sous-entendu au seuil de tout discours classique (soumis au vraisemblable ancien), c'est : *esto (soit, admettons…).* La notation « réelle », parcellaire, interstitielle, pourrait-on dire, dont on soulève ici le cas, renonce à cette introduction implicite, et c'est débarrassée de toute arrière-pensée postulative qu'elle prend place dans le tissu structural. Par là même, il y a rupture entre le vraisemblable ancien et le réalisme moderne ; mais par là même aussi, un nouveau vraisemblable naît, qui est précisément le réalisme (entendons par là tout discours qui accepte des énonciations créditées par le seul référent).

Sémiotiquement, le « détail concret » est constitué par la collusion *directe* d'un référent et d'un signifiant ; le signifié est expulsé du signe, et avec lui, bien entendu, la possibilité de développer une *forme du signifié,* c'est-à-dire, en fait, la structure narrative elle-même (la littérature réaliste est, certes, narrative, mais c'est parce que le réalisme est en elle seulement parcellaire, erratique, confiné aux « détails » et que le récit le plus réaliste qu'on puisse imaginer se développe selon des voies irréalistes). C'est là ce que l'on pourrait appeler l'*illusion référentielle* [11]. La vérité de cette illusion est celle-ci : supprimé de l'énonciation réaliste à titre de signifié de dénotation, le « réel » y revient à titre de signifié de connotation ; car dans le moment même où ces détails sont réputés dénoter directement le réel, ils ne font rien d'autre, sans le dire, que le signifier : le baromètre de Flaubert, la petite porte de Michelet ne disent finalement rien d'autre que ceci : *nous sommes le réel ;* c'est la catégorie du « réel » (et non ses contenus contingents) qui est alors signifiée ; autrement dit, la carence même du signifié au profit du seul référent devient le signifiant même du réalisme : il se produit un *effet de réel,* fondement de ce vraisemblable inavoué qui forme l'esthétique de toutes les œuvres courantes de la modernité.

Ce nouveau vraisemblable est très différent de l'ancien, car il n'est ni le respect des « lois du genre », ni même leur masque, mais procède de l'intention d'altérer la nature tripartite du signe pour faire de la notation la pure rencontre d'un objet et de son expression. La désintégration du signe — qui semble bien être la grande affaire de la modernité — est certes présente dans l'entreprise réaliste, mais d'une façon en quelque sorte régressive, puisqu'elle se fait au nom d'une plénitude référentielle, alors qu'il s'agit au contraire, aujourd'hui, de vider le signe et de reculer infiniment son objet jusqu'à mettre en cause, d'une façon radicale, l'esthétique séculaire de la « représentation ».

NOTES

1. *Un cœur simple,* in *Trois Contes,* Paris, Charpentier-Fasquelle, 1893, p. 4.

2. *Histoire de France. La Révolution,* tome V, Lausanne, Rencontre, 1967, p. 292.

3. « Introduction à l'analyse structurale des récits », in R. Barthes *et al., Poétique du récit,* Paris, Seuil, 1977, p. 7-57.

4. Dans ce bref aperçu, on ne donnera pas d'exemples de notations « insignifiantes », car l'insignifiant ne peut se dénoncer qu'au niveau d'une structure très vaste : citée, une notation n'est ni signifiante ni insignifiante : il lui faut un contexte déjà analysé.

5. F. Bresson, « La signification », in *Problèmes de psycho-linguistique,* Paris, PUF, 1963.

6. *La Littérature européenne et le Moyen Age latin,* Paris, PUF, 1956, ch. x.

7. Les six versions successives de cette description sont données par A. Albalat, *Le Travail du style,* Paris, Armand Colin, 1903, p. 72 *sq.*

8. Mécanisme bien repéré par Valéry, dans *Littérature,* lorsqu'il commente le vers de Baudelaire : « La servante au grand cœur... » (« Ce vers est *venu* à Baudelaire... Et Baudelaire a continué. Il a enterré la cuisinière dans une pelouse, ce qui est contre la coutume, mais selon la rime, etc. »)

9. *République,* X, 599.

10. Cité par R. Bray, *Formation de la doctrine classique,* Paris, Nizet, 1963, p. 208.

11. Illusion clairement illustrée par le programme que Thiers assignait à l'historien : « Être simplement vrai, être ce que sont les choses elles-mêmes, n'être rien de plus qu'elles, n'être rien que par elles, comme elles, autant qu'elles » (cité par C. Jullian, *Historiens français du XIXᵉ siècle,* Paris, Hachette, s.d., p. LXIII).

MICHAEL RIFFATERRE

L'illusion référentielle *

Ce qui se profile derrière mon titre énigmatique et philosophique, c'est la question de la signification en poésie. Le langage poétique diffère de l'usage linguistique commun, voilà ce que le lecteur le moins sophistiqué sait d'instinct. Quant à savoir en quoi exactement consiste cette différence, voilà qui est moins clair, mais, là encore, notre instinct nous avertit qu'un poème dit une chose et veut dire autre chose.

La poésie exprime des idées et des choses de manière indirecte. Même la description la plus naturelle n'est pas un simple énoncé de fait : elle se présente comme un objet esthétique aux connotations affectives. La représentation littéraire de la réalité, la mimésis, n'est que l'arrière-plan qui rend perceptible le caractère indirect de la signification. Cette perception est une réaction au déplacement, à l'altération ou à la création du sens. Déplacement, quand le signe glisse d'un sens à un autre, quand un mot est « mis pour » un autre, comme c'est le cas dans la métaphore. Altération, quand il y a ambiguïté, contradiction ou non-sens. Création, quand l'espace textuel est le principe organisateur à partir duquel des signes naissent d'éléments linguistiques peut-être insignifiants dans d'autres contextes — il s'agit par exemple des significations qui dérivent de la symétrie,

* Publié originellement en anglais dans *Columbia Review*, 57, 2 (hiver 1978).

des rimes, etc. Des débuts de la rhétorique à la sémiotique moderne, on a longuement étudié la signification indirecte, mais comme phénomène strictement renfermé dans le texte. L'approche la plus fructueuse — en fait la seule qui soit satisfaisante — consiste à prendre en compte simultanément le lecteur et le poème : celui qui interprète en même temps que ce qu'il interprète. Car ce n'est pas dans l'auteur, comme les critiques l'ont longtemps cru, ni dans le texte isolé que se trouve le lieu du phénomène littéraire, mais c'est dans une dialectique entre le texte et le lecteur.

Précisément, la croyance fondamentale du lecteur en matière de langage écrit lui vient de son usage quotidien de la langue : les mots signifient en relation aux choses. Plutôt que de *choses,* je me servirai du terme de *référent,* introduit par Ogden et Richards, dans la mesure où l'emploi de *chose* est limité à la substance matérielle, alors que l'objet auquel on fait référence est le plus souvent un concept immatériel. Il peut n'avoir aucune existence physique (aucune licorne réelle ne fait pendant au mot « licorne »), ou encore être une illusion, un mensonge ou une fiction. En tout cas, puisque *référent* dénote tout ce à quoi nous pouvons penser ou faire allusion, le mécanisme propre de la référence est toujours à l'œuvre, que ce qu'il vise soit matériel ou non, imaginaire ou non. *Référence* présente en outre l'avantage d'impliquer l'extériorité : le référent est l'absence que la présence des signes supplée ; il présuppose une preuve extérieure ou une évidence de fait qui permet au lecteur de vérifier la justesse des mots. L'existence d'une réalité non verbale en dehors de l'univers des mots est indéniable. Toutefois, la croyance naïve en un contact ou une relation directe entre mots et référents est une illusion, et cela pour deux raisons : l'une, générale, valable pour tous les faits de langue ; l'autre, propre à la littérature.

La raison linguistique fait intervenir la structure

sémantique. Les mots, en tant que formes physiques, n'ont aucune relation naturelle avec les référents : ce sont les conventions d'un groupe, arbitrairement liées à des ensembles de *concepts* sur les référents, à une mythologie du réel. Cette mythologie, le signifié, s'interpose entre les mots et les référents. Néanmoins, les usagers de la langue s'accrochent à leur illusion que les mots signifient dans une relation *directe* à la réalité, pour des raisons pratiques, et cela d'autant plus qu'ils ont des choses une idée en partie façonnée par les concepts mêmes du signifié, comme si les mots engendraient la réalité.

Tout comme l'illusion intentionnelle substitue à tort l'auteur au texte, l'illusion référentielle substitue à tort la réalité à sa représentation, et a à tort tendance à substituer la représentation à l'interprétation que nous sommes censés en faire. Nous ne pouvons cependant nous contenter de corriger l'erreur et d'en ignorer les effets, car cette illusion fait partie du phénomène littéraire, comme illusion du lecteur. L'illusion est ainsi un processus qui a sa place dans l'expérience que nous faisons de la littérature.

Le problème est que les critiques se laissent prendre eux aussi ; ils mettent la référentialité dans le texte, quand elle est en fait dans le lecteur, dans l'œil de celui qui regarde — quand elle n'est que la rationalisation du texte opérée par le lecteur. Il suit que la tâche de l'analyste est précisément de montrer quels sont les mécanismes qui déclenchent cette rationalisation et quels sont ceux qui gouvernent la signification du poème, dans leur découverte graduelle à mesure que la rationalisation se révèle inapte à satisfaire le lecteur.

C'est à ce stade que le mode d'illusion référentielle particulier à la littérature entre en scène. Tout se joue dans la différence entre signification et *signifiance*. Dans le langage quotidien, les mots semblent reliés verticalement, chacun à la réalité qu'il prétend représenter, chacun collé sur son contenu comme une étiquette sur un bocal, formant chacun une unité sémantique distincte. Mais en littérature, l'unité de signification, c'est le texte lui-même. Les effets que les mots, en tant qu'éléments d'un réseau fini, produisent les uns sur les autres substituent à la relation sémantique verticale une relation latérale qui, se constituant au fil du texte écrit, tend à annuler la signification individuelle que les mots peuvent avoir dans le dictionnaire. Le lecteur qui essaie d'interpréter la référentialité aboutit au non-sens : cela le force à chercher le sens à l'intérieur du nouveau cadre de référence donné par le texte. C'est ce nouveau sens que nous appelons signifiance.

La signifiance, c'est-à-dire le conflit avec la référentialité apparente, est *produite et régie par les propriétés du texte,* dont la première est que le texte est sujet à un double parcours ; les autres sont les trois types de surdétermination.

Il y a des roses dans l'*Ode à Salvador Dali* de Federico García Lorca, mais aucune fleur, aucune référence à des fleurs réelles, ne peut expliquer leur signification dans ce poème. Tout d'abord, les *Pêcheurs* de Cadaquès (comme l'on sait, Cadaquès est le village où Dali donne audience jusqu'à ce jour) *dorment sans rêver sur le rivage. En haute mer, ils ont pour boussole une rose.* Second passage — une invocation à Dali : *Mais aussi la rose du jardin où tu vis. / Toujours la rose, toujours, notre nord et notre sud !*

De toute évidence, la première rose, celle des pêcheurs, n'est pas la rose qu'on cueille sur une tige hérissée d'épines, mais la rose qu'on examine sur la passerelle : en espagnol, la *rosa náutica,* rose des vents, cadran de la boussole aux pointes en forme de losange étalées comme les pétales d'une rose. En bref, le texte dit en substance : *Les pêcheurs ont pour boussole une boussole* — tautologie inutile, tout à fait correcte en ce qui concerne les faits de navigation, mais qui n'a rien à voir avec le poème. Ce qui a à voir, en revanche, c'est que la phrase est construite de manière à donner l'impression qu'une fleur réelle est effectivement utilisée comme boussole — petite bizarrerie locale.

Cette notation pseudo-anthropologique confère aux marins le charme affété que nous associons aux personnages des peintures de Watteau, bergers maintenant l'ordre de leurs troupeaux enrubannés à l'aide de houlettes fleuries. Ou mieux, le contexte, quand *les pêcheurs dorment sans rêver sur le rivage,* quand, *en haute mer, ils ont pour boussole une rose* — ce contexte semble transformer leur rose en preuve supplémentaire d'une noblesse innée, d'un don naïf de saisir le charme de la vie à l'état de nature, tout comme on dit dans le conte populaire que le voleur bengali a creusé un trou dans la paroi d'une caverne, mais un trou en forme de lyre. Cette interprétation rend pleinement compte de l'effet poétique du passage. Mais elle impose que la rose soit la fleur, c'est-à-dire qu'elle impose le non-sens sur le plan de la navigation réelle. Elle détruit le seul référent acceptable en contexte de boussole ou marin. Dans la seconde strophe, nous sommes confrontés avec une énigme liée à la précédente : *Mais aussi la rose du jardin où tu vis.* Cela ressemble à une variation supplémentaire sur la Rose du jardin symbolique du Moyen Age, sur l'image familière de la Perfection qui éclôt dans l'enceinte d'un verger mystique. Mais à peine le lecteur s'est-il engagé dans cette voie que l'apposition *rose, notre nord et notre sud* change tout, transformant Dali simultanément en la rose mystique et en phare de ses disciples. Pourtant, si nous comprenons qu'il permet à ses disciples de se repérer, nous ne sommes pas libres de choisir notre image, de le voir comme un fanal, par exemple, ou comme l'étoile Polaire. Nous sommes obligés de le voir, pour ainsi dire, comme une double rose. Parce que la fleur du marin et la fleur mystique portent le même nom, la fleur mystique devient par métaphore la boussole que la fleur du marin était littéralement. Malheureusement, le nom de la boussole littérale et celui de la boussole métaphorique sont un seul et même mot. Au lieu d'une métaphore normale (mot mis pour un autre), nous avons simultanément affaire au cœur de la même fleur dans le même lexème à deux sens incompatibles, l'un métaphorique, l'autre littéral. Pour compliquer encore les choses, la signification littérale permet au mot de fonctionner symboliquement comme emblème mystique. D'une manière analogue, dans la première image, sur le rivage espagnol, la grammaire nous commande de prendre la fleur littéralement, tandis que le contexte nautique nous force à la prendre métaphoriquement, effet d'autant plus déroutant qu'il s'agit d'une métaphore technique, une métaphore morte, si bien qu'en un sens appeler rose une boussole en espagnol est aussi littéral. Nous avons par conséquent deux sens littéraux en même temps, et donc deux sens incompatibles. Parlerons-nous d'ambiguïté ou de polysémie ? C'est la solution à laquelle les théoriciens de la littérature se sont traditionnellement rangés : puisque, dans de pareils cas, les mots ordinaires devraient être univoques, les mots poétiques doivent être équivoques.

Il n'en va pas ainsi, à cause de cette propriété du texte qu'est le *double parcours :* un texte est lu deux fois en entier. La première lecture, heuristique, parcourt la page de haut en bas, du début à la fin du poème. C'est au cours de cette lecture qu'on saisit la *signification* (non la signifiance), la fonction mimétique des mots ; c'est aussi à ce stade que le lecteur perçoit les incompatibilités ou remarque, par exemple, qu'une certaine expression n'a pas de sens à moins d'être interprétée comme métaphore, ironie, métonymie, ou autre. En bref, la première lecture est un procès par lequel on perçoit les agrammaticalités : le lecteur les repère dès qu'un mot engendre une formule qu'il devrait exclure, dès que les conséquences d'un mot sont en contradiction avec ses présupposés. La seconde phase de lecture, phase herméneutique, est rétroactive : tandis qu'il progresse au fil du texte, le lecteur se rappelle ce qu'il vient de lire et en modifie sa compréhension à la lumière de ce qu'il décode maintenant. Il effectue ainsi un décodage structural : tandis qu'il avance dans le texte, il en vient à reconnaître que des énoncés successifs sont en fait équivalents. Ils apparaissent alors comme des variantes de la même matrice structurale. Le texte est perçu comme variation sur une structure, thématique, symbolique ou autre, et c'est cela qui constitue la signifiance.

Dans notre poème de Lorca, s'il y a ambiguïté, ce n'est que durant la première lecture, puisque l'incompatibilité référentielle des sens de *rose* s'évanouit quand on la considère rétroactivement. Si ce n'est que, chaque fois qu'on relit le poème du début à la fin, l'incompatibilité surgit à nouveau ; si bien qu'on ne peut jamais l'écarter totalement, ou parvenir à une lecture dernière et définitive. C'est la raison pour laquelle le poème reste toujours un défi. Sa compréhension est un suspens, un instant fugitif entre les deux phases de lecture. Le poème ne vise pas l'ambiguïté. C'est plutôt un rite d'initiation.

La difficulté même qui a fait renâcler le lecteur est précisément ce qui lui donne une prise pour comprendre. Autrement dit, l'obscurité à laquelle on s'attend en poésie est aussi l'agent de son élucidation.

Il va sans dire que ce processus de lecture en deux temps ne produit pas que des incompatibilités. Le plus souvent, la signification apparemment référentielle qu'un mot propose à la première lecture est compatible avec la signifiance rétroactivement perçue. Mais quelque représentation qu'un tel mot puisse initialement évoquer, et même quelque symbolisme qu'il puisse porter, le signe reste isolé et ce qu'il produit est de l'ordre de la simple information — comme une conversation

ou un entrefilet de journal, qui peuvent bien être par-
semés de détails descriptifs et symboliques, mais
jamais devenir pour autant des textes poétiques. Pour
être reconnu tel, un texte doit ne former qu'une unité
solidaire. Ce doit donc être une séquence de détails
motivés, chevillant description et symbolisme de
manière serrée en un monument verbal au sein duquel
on ne saurait changer un mot ou faire une substitution de
synonymes sans détruire l'ensemble. Ce qui constitue ce
type de texte, c'est la découverte rétroactive que les
mots descriptifs sont aussi les nœuds d'intersection
de deux séquences d'associations sémantiques ou formelles.

Le compte rendu par Chateaubriand des funérailles du
général La Fayette pourrait être un reportage d'actualité
embelli de détails pittoresques, mineurs en tant que tels,
mais importants comme signaux des connotations morales de la scène :

> Je le vis [le corbillard] tout doré d'un éclat fugitif du
> soleil, briller au-dessus des casques et des armes : puis
> l'ombre revint, et il disparut.
> La multitude s'écoula ; des vendeuses de *plaisirs* crièrent
> leurs *oublies,* des vendeurs d'amusettes portèrent çà et là
> les moulins de papier qui tournaient au même vent dont le
> souffle avait agité les plumes du char funèbre.

La signification de ces détails pittoresques comme
signes moraux est claire : le corbillard, qui commence
par briller dans le soleil, puis perdu dans l'ombre ; le
même vent jouant dans les plumes du char funèbre, puis
faisant tourner les moulins de papiers — tout cela
suggère de façon insistante que la renommée ne dure
pas. Autre trait, ces vendeuses de gaufres, analogues aux
vendeurs de cornets de glace ou de hot-dogs d'aujour-
d'hui : elles appartiennent à la mimésis des occasions
publiques, mais leur présence suggère aussi fortement
qu'il y a bien peu de différence entre un jour de deuil

public et un jour de finale de Coupe de France. Les marchands ambulants sont de la sorte aussi symboliques que descriptifs. Mais les *oublies* ? Elles semblent n'être rien de plus que des friandises, et leur présence, rien qu'un fait innocent ; mais, en réalité, ce sont des agents de littérarité ; elles transforment le simple reportage en poème en prose.

Car Chateaubriand n'utilise pas le mot ordinaire *gaufres*. Il utilise le terme légèrement archaïque d'*oublies*. Or, ce mot se prononce exactement comme *oubli* : l'*oublie* ne se distingue de l'*oubli* que par le *e* muet final. Les deux mots ont la même prononciation : le texte se donne l'air de parler de gaufres, mais sa sonorité donne l'impression qu'il parle de la labilité du souvenir. Or, on ne peut soutenir en conscience qu'il y a beaucoup de ressemblance entre les gaufres et l'oubli, ou que les gaufres symbolisent l'oubli, ou encore signifient l'oubli par métaphore ou analogie. Ce qui se passe ici, c'est que le mot désignant les gaufres est surdéterminé : il est engendré par une chaîne associative de mots du lexique de la scène de rue, mais aussi par une chaîne de mots du vocabulaire du deuil. Disons qu'en code de scène de rue, *oublies* est le mot qui a l'air d'avoir été emprunté au code de l'oubli. Chateaubriand parle de gaufres, mais dans un langage qui rend un son de mort ; il parle de grandeur, mais dans un langage qui rend un son de banalité.

La signifiance jaillit de la double motivation du mot par deux chaînes associatives qui s'y rencontrent et en font ainsi un nœud sémantique. Cette double motivation est un type de *surdétermination,* qui est l'autre propriété fondamentale du texte littéraire. Ma thèse est que, si nous voulons expliquer l'unité formelle d'un poème, unité dont la cohérence est si forte que la forme du poème a autant de signification que son contenu, nous n'avons qu'une voie possible : regarder le discours poétique comme l'établissement d'une équivalence entre un mot et un texte, ou entre un texte et un autre texte.

Le poème lui-même est le résultat de la transformation d'une matrice, transformation d'une phrase littérale minimale en périphrase plus étendue, non littérale et complexe. La matrice est potentielle ou actualisée seulement dans un autre texte ou une autre langue ; elle peut parfois se résumer à un mot unique, auquel cas ce mot n'apparaîtra pas dans le texte. La matrice et le texte sont des variantes d'une même structure.

Dans un des saluts au printemps de Wordsworth, on trouve un exemple de matrice actualisée dans un autre texte. Voici la fin du poème :

> *Small clouds are sailing,*
> *Blue sky prevailing ;*
> *The rain is over and gone !*

> De petits nuages naviguent,
> Le ciel bleu l'emporte ;
> La pluie est finie, dissipée !

Les détails, et spécialement l'exclamation joyeuse de la fin, semblent renvoyer simplement au soulagement d'un homme lassé de l'hiver (le poème a pour titre *Written in March,* « Écrit en mars »). Mais, en fait, ce dernier vers vient mot pour mot du *Cantique des cantiques,* si ce n'est que la citation biblique est *incomplète,* et dirige donc l'attention du lecteur sur ce qui manque, le début, omis ou refoulé : « Car voici que l'hiver est passé. » Le mot clé — *hiver* —, absent des vers de Wordsworth, est la matrice qui imprègne chaque détail printanier du poème. Il donne une unité de signifiance à une succession de jolies touches pittoresques, dont chacune est maintenant perçue comme l'inversion d'une image qui a été effacée. Ce tableau du printemps n'est pas une représentation directe de la réalité comme le serait une description non littéraire : c'est bien une version en négatif (au sens photographique) d'un texte latent sur l'opposé du printemps. La signifiance du poème, aussi bien comme principe d'unité que comme agent du fonctionnement sémantique indirect, réside dans le détour que le texte fait dans son parcours minutieux de la *mimésis* d'un détail à l'autre, afin d'épuiser le paradigme de toutes les variations possibles sur la matrice. Le texte fonctionne comme une névrose : comme la matrice est refoulée, le déplacement produit des variantes tout au long du poème, tout comme un symptôme refoulé se manifestera en un autre point du corps.

La surdétermination comme propriété du texte n'est que le corollaire et la compensation du détour. Quelque important que le détour puisse être, quelque liberté qu'il puisse prendre à l'égard des référents, ce détour est constitué de variantes de la matrice. La relation structurale entre la matrice et ses transformations ajoute la puissance de ses liens propres aux liens normaux (par exemple grammaticaux) entre les mots.

La surdétermination détermine la signifiance suivant deux dérivations possibles à partir de la matrice. La première est l'*expansion,* qui transforme les constituants de la matrice en formes plus complexes, processus habituellement combiné à la conversion : les éléments transformés sont tous modifiés par un même facteur, un marqueur mélioratif, par exemple, ou un marqueur péjoratif.

Ce mécanisme, nous pouvons l'observer dans le dialogue entre le printemps et l'hiver qui conclut *Peines d'amour perdues.* Au premier abord, il semblerait difficile de trouver dans le corpus de la poésie descriptive passages plus objectifs, plus complètement exempts d'une interprétation symbolique de la vie, deux tableaux tirés plus directement du monde de l'expérience. C'est la floraison, le chant du coucou s'élève d'un arbre, des bergers jouent sur leurs flûtes champêtres, les oiseaux s'accouplent, et voilà que reprend le chant du coucou :

[When] merry larks are ploughmen's clocks
When turtles tread, and rooks, and daws
And maidens bleach their summer smocks,
The cuckoo then, on every tree
Mocks married men...

[Quand] les gaies alouettes servent d'horloges aux laboureurs
Quand s'accouplent les tourterelles, et les corneilles et les choucas
Et que les filles blanchissent leurs sarraus d'été
C'est alors que le coucou, de chaque arbre,
Se moque des maris...

Le vers concernant les filles blanchissant leurs sarraus estivaux est certainement d'un réalisme typique. Nulle trace ici de convention de genre, comme le catalogue des oiseaux à leur amours dans les premières chaleurs — un motif littéraire courant pour la saison printanière. Ce n'est pas un trope comme les alouettes indiquant l'heure aux laboureurs. Si bien que ce vers semble ne devoir rien qu'à la réalité. Il présente deux traits réalistes fondamentaux : d'abord, il est précis ; et, en second lieu, il dépeint une action sans en indiquer les causes ou les buts, de sorte que nous croyons voir devant nous la chose même. Nous sommes forcés d'agir comme dans la vie réelle, où nous devons faire nos propres inférences. La beauté de ce coup de maître du dramaturge, nous la mettons au compte du contraste entre la touche familière et l'ampleur de sa signifiance, le printemps comme renouveau et changement, comme préfiguration de la félicité sous les charmilles de l'été. Car, du blanchissage des sarraus, nous pouvons tirer la saison tout entière et son symbolisme.

Il est évident que cette signifiance va bien au-delà du référent domestique, dans toutes les directions, et dépend de ce que la scène présuppose et de ce qui en découle. Même ses présuppositions sont, à coup sûr, des référents qui nous sont rendus familiers par l'expérience ou la mémoire. Mais que nous sont aujourd'hui le grand nettoyage de printemps ou la lessive des femmes d'antan ? Les comprenons-nous à la lumière de l'expérience ou de l'image de l'expérience ? Est-ce que le texte a perdu de son impact sur nous qui achetons chaque année des vêtements neufs pendant le joli mois de mai, et qui, plutôt que pour les oiseaux et les fleurs, nous passionnons pour les rayons du *Printemps* ? Le texte possède les traits qui gardent à son impact toute sa force, car le détail descriptif renvoie aussi à un modèle sémantique, le premier métonyme du printemps — la floraison, à la strophe précédente :

> *When daisies pied and violets blue,*
> *   And lady-smocks all silver-white*
> *And cuckoo-buds of yellow hue*
> *   Do paint the meadows with delight.*

> Quand les pâquerettes diaprées et les violettes bleues
>   Et les cardamines toutes blanc argent
> Et le cresson des prés de teinte jaune
>   Peignent les prairies de délice.

Maidens bleach their summer smocks est une expansion formelle de la fleur ; *ladysmock,* variété de cresson, engendre les jeunes femmes et leur parure, tout comme *silver-white,* signe positif, engendre le blanchissage. La reconnaissance de l'expansion (un vers dérivé d'un mot et de son adjectif) ne diminue pas notre sens de la réalité, mais elle a pour effet de transformer les filles elles-mêmes en fleurs printanières. Je ne veux pas dire que la fleur est personnifiée, mais il est sûr que le texte joue avec l'idée. Si tout cela paraît trop subjectif, qu'on me permette de le formuler autrement ; l'équivalence formelle entre *maidens* et *ladysmocks* rend explicite le symbolisme littéraire de base du printemps — c'est-à-dire la saison de l'amour. Et cela complète l'actualisation de la structure matricielle de tous les printemps littéraires ; prenons par exemple le même passage du *Cantique des cantiques* qui sert de matrice au tableau printanier de Wordsworth :

> *Rise up, my love, my fair one, and come away. For, lo, the winter is past, the rain is over and gone. The flowers appear on the earth, the time of the singing of birds is come, and the voice of the turtle is heard in our land.*

> Lève-toi, mon amour, ma beauté, et mets-toi en route. Car voilà que l'hiver est passé, la pluie est finie, dissipée. Les fleurs apparaissent sur la terre ; le temps du chant des oiseaux est venu, et on entend la voix de la tourterelle sur notre terre.

On remarquera que des trois traits du printemps (le retour des fleurs, le retour des oiseaux, l'amour), l'amour seul était laissé de côté chez Shakespeare ; et maintenant il se montre, indirectement, dans nos jeunes femmes. Indirectement, parce que leur signification thématique dérive, non de filles réelles, mais d'un signe déjà posé comme métonyme du printemps. De la même manière contournée, le coucou exprime de nouveau des impressions érotiques : il est lui aussi tiré de la liste des fleurs, et dérive de la quatrième, le *cuckoo-bud* (qui, incidemment, désigne la même fleur que *ladysmock*). Et le coucou moqueur change la tonalité du thème : il y introduit de l'humour. Encore une fois, la dérivation part ici d'une donnée verbale, et non référentielle. Le nom réel de la fleur — *cuckoo-flower* — devient, de façon révélatrice, *cuckoo-bud*. *Bud* (bouton, bourgeon) est tout prêt phonétiquement à faire éclore *bird* (oiseau). Quant au trait qui constitue vraiment le poème, l'humour, il est purement lexical : s'il est vrai que l'oiseau est réellement un héraut du printemps, le nom *cuckoo* fait la nique au « cocu » *(cuckold)*. De fait, le refrain, repris deux fois, est l'expansion, assortie d'une conversion négative de *cuckoo* :

> *Cuckoo, cuckoo ; O word of fear,*
> *Unpleasing to a married ear !*
>
> Coucou, coucou ; O mot redoutable,
> Déplaisant à l'oreille mariée !

Le poème s'achève fort à propos sur le refrain, non seulement parce qu'un refrain est une fin conventionnelle, mais parce que ce refrain-ci enferme en une phrase des réalisations transformées des trois métonymes du printemps : le coucou comme oiseau, comme fleur, et comme trait d'humour, c'est-à-dire comme conversion négative (persifleuse) du mot « amour ». Le véritable référent de la description est ainsi une circularité d'équivalences textuelles.

Avec le second type de surdétermination, nous avons ce qu'on pourrait appeler la *dérivation hypogrammatique* : une expression ou un texte sont poétisés, c'est-à-dire transformés en une unité de signifiance au sein de laquelle ils renvoient à un texte préexistant (comme les poèmes sur le printemps qui renvoient au *Cantique des cantiques*). Ce texte préexistant est l'hypogramme, terme emprunté à Saussure (qui utilise aussi « paragramme », mais l'acception de ce dernier terme a été subvertie par l'école de *Tel Quel*). L'expression ou le texte se modèlent sur l'hypogramme, qui est de la sorte un complexe verbal interposé entre les mots et les référents, et la référence, telle qu'elle est, passe à travers son filtre. Ainsi, l'hypogramme se présente complet, doté de sa syntaxe propre, et sa taille peut aller du groupe de mots au texte étendu. Il peut être simplement potentiel, observable seulement dans la langue ; le plus souvent, il est déjà actualisé dans d'autres poèmes. Dans

ce cas, la référence à l'hypogramme est intertextuelle, et
le lecteur la perçoit habituellement comme citation ou
allusion littéraire.

Si l'hypogramme ne dépasse pas le groupe de mots, le
membre de phrase, la phrase, il ne fait qu'actualiser
quelques-uns des traits sémantiques ou des présupposés
d'un mot qui forme son noyau. Mais cette actualisation
prend une forme stéréotypée qui s'imprime dans l'esprit
du lecteur et constitue un cadre de référence interne.
Quand un pareil cadre est actualisé, la séquence verbale
est saturée de la signification du mot-noyau, confirmant
ouvertement ce qu'on aurait pu tirer du mot seul. D'où
mise en valeur, visualisation, impression de réalité. Les
clichés et les stéréotypes ont de longue date encouru le
mépris des critiques pour de mauvaises raisons, qui font
que la mode littéraire les condamne sans autre forme de
procès et donne une prime à l'originalité, à l'inspiration
et à tout ce qui y ressemble. Pourtant, les clichés sont
partout, tout faits ; ce sont toujours les vestiges de
formules heureuses, proférées pour la première fois il y a
bien longtemps, et ils sont donc pleins d'une puissance
stylistique en conserve, si j'ose dire. L'actualisation des
présupposés du mot-noyau peut prendre deux formes :
ou bien elle comble lexicalement des lacunes au sein du
système de la phrase potentielle préexistante, ou bien
elle engendre une phrase réelle par expansion à partir du
mot-noyau. La phrase développe les présupposés suivant un modèle sujet-prédicat : elle transcrit les variations abstraites sur le noyau en langage figuratif (au sens
où la peinture abstraite s'oppose à la peinture figurative). Posons qu'un arbre est le sujet, et que cet arbre est
considéré du point de vue de l'homme comme un
plaisant abri du soleil caniculaire. L'arbre est alors
représenté métonymiquement par son ombrage, et
ceci, le noyau, engendre une séquence dont les constituants sont déterminés par le seul besoin de traduire
en images les suffixes qui modifient la racine *shade*

(ombre) : l'arbre comme donneur d'ombre *(shader)*, l'action de projeter une ombre *(shading)*, quelqu'un qui sera abrité par l'ombre *(shaded)*, tout comme une agression demande un agresseur et implique une victime agressée.

C'est ce qui se passe dans le poème de Gerald Manley Hopkins, *Binsey Poplars, felled 1879* (« les Peupliers de Binsey, abattus en 1879 »). Le nom de lieu dans le titre, la date, autant d'éléments qui donnent dès le début un fort sentiment d'expérience personnelle authentique. Ils semblent dire : Ce n'est pas un décor imaginaire, c'est un endroit réel, le souvenir choyé d'une scène qui a existé. Le détail visuel le plus frappant et le plus particulier, c'est l'ombre, maintenant évanouie : pas un tremble ne fut épargné, dit le poète, pas un seul de ces arbres...

> *That dandled a sandalled*
> *Shadow that swam or sank*
> *On meadow and river and wind-wandering weed-wind-*
> *[ing bank.*

> Balançant une ombre en sandale
> Qui nageait ou s'enfonçait
> Sur la prairie, et la rivière, et la berge serpentant sous ses
> [herbes où vagabonde le vent.

L'actualisation de l'hypogramme « ombre » est déclenchée par une contrainte : les mots peignant les peupliers doivent être des signes positifs ; sinon, tout le pathos des arbres abattus, de la défoliation et du dépouillement se dissipera. Il n'y a pas une variante du thème de la forêt ravagée qui omette le motif de l'ombrage perdu. Mais qu'en est-il de cette ombre en sandale ? Peu s'en faut que l'épithète *sandalled* soit incompatible avec « ombre » : on frise le non-sens. Il n'en est que plus remarquable que les commentateurs semblent poussés à gloser l'expression comme un détail physique, visuel. Dans *sandalled shadow*, aux dires d'un spécialiste britannique, « l'adjec-

tif porte en lui de multiples associations, avec, par
exemple, doux, furtif et entrelacé ». Je suis prêt à
accepter *doux,* si, dans un paradigme « chaussure »,
la sandale s'oppose à la botte — ou, en jargon séman-
ticien, si nous distinguons sandale de chaussure
par une opposition *douceur* vs. *dureté,* en matière
de semelle. Je pourrais aussi avaler *entrelacé,* la
teneur de la métaphore, la frondaison, projetant ses
ombrages, feuilles et branches entremêlées. Mais il
faudrait encore m'expliquer pourquoi, des innombrables
images de vêtements qui suggèrent plus clairement
l'entrelacement, c'est la sandale qui a été choisie. Quant
à *furtif (stealthy),* je ne peux l'imputer qu'aux idiosyncra-
sies de la nation de notre spécialiste : peut-être que si
l'on regarde le monde de sa ville de Manchester, la
sandale a sa place sur le pied d'un Oriental furtif — un
Rudolph Valentino foulant les sables d'Égypte, peut-
être. Et si nous essayions une lectrice plus terre-à-terre ?
Elizabeth Drew évoque « la ligne infléchie et dansante
des peupliers, et leurs ombres semblables à des chaussons glissant mollement sur les champs, la rivière, et la
berge ». Si je comprends bien, cela suggère la forme du
peuplier allongé en pinceau qui projette une ombre en
forme de chausson pointu. Encore une fois, l'unique
raison de cette rationalisation est d'ordre moral : d'une
bizarre sandale, on passe au chausson, parce que les
ombres vont et viennent, et que les pieds en chaussons
glissent furtivement, alors que les bottes ferrées claquent
franchement.

La véritable raison de *sandal,* c'est, une fois encore, la
surdétermination de l'image : son acceptabilité est
garantie par sa motivation formelle multiple. C'est une
image fidèle, non des trembles bruissant au bord d'une
rivière, mais de la logique de l'hypogramme. En premier
lieu, dans leurs représentations traditionnelles, les arbres
se répartissent en deux catégories, les arbres à tête ronde
et feuillue, avec un tronc épais, voire trapu, et ceux dont

la tige, tel le pinceau d'un peintre, est longue et flexible. Dès qu'un arbre symbolise l'émotion, les arbres à frondaison ronde se mettent à projeter des ombres immobiles, parfois lugubres ; les arbres sveltes font osciller leurs ombres avec une légèreté aérienne. Dans un second temps, ce balancement provoque le *dandle* de Hopkins, là où le locuteur anglais normal n'y songerait pas : le corps d'un marin se balançant dans le gréement, dans *The Wreck of the Deutschland* (« le Naufrage du Deutschland ») *« dandled to and fro »* (« se balançait d'avant en arrière »). Identifier une obsession verbale, ce n'est pas pour autant expliquer quoi que ce soit. Mais ce qui peut constituer une explication, c'est que *dandle* donne à l'histoire du naufrage un parfum d'ironie, et cela s'accorde avec le modèle structural de l'impuissance de l'homme devant les forces déchaînées de la Nature : les vagues hautes comme des montagnes jouent avec lui comme avec un hochet — un lieu commun. Il se trouve ici qu'un mouvement qui fait partie des dérivés du mot *aspen* (tremble) est adapté à l'hypogramme de l'arbre ombreux que j'ai suggéré plus haut : l'image d'un repos frais et détendu sous les peupliers disparus — encore un lieu commun, un motif du thème de l'arbre abattu : comme dans « le Champ de peupliers » *(The Poplar Field)* de William Cooper *« farewell to the glade and the whispering sound of the cool colonnade »* [adieu, clairière, et toi, murmure de la fraîche colonnade]. Mais *dandled* (balançait) engendre alors un fragment de personnage, comme si quelqu'un avait été indirectement ébauché dans le tableau — jambes croisées, celle du dessus oscillant paresseusement, une sandale pendant mollement au bout du pied. Une figure de félicité paresseuse et rêveuse. *Sandal* est à la fois le produit de la passion de Hopkins pour la quasi-paronomase — *blear/smear* (trouble/tache), *delve/twelve* (fouiller/douze), *heavens/haven* (cieux/havre) — et la personnification d'un moment de détente et de loisir à l'ombre. Tout se passe

comme si la séquence verbale commençait par décrire
les ombres par leur mouvement pour *ensuite* se sépa-
rer du mouvement caractéristique des arbres — mouvement qui symbolise et extériorise en quelque sorte le
confort qu'on ressent sous l'arbre — et introduire dans le
tableau une sihouette humaine, ou tout au moins son
pied, à seule fin d'illustrer la fraîcheur bienfaisante.
C'est ainsi qu'Alice, dans *A travers le miroir,* entend
parler *a hoarse voice* (une voix rauque), et se dit
immédiatement : « on dirait un cheval » *(horse).* Non
pas, quoi qu'on puisse en penser, parce que le cheval
aurait un hennissement enroué, mais parce que l'adjectif
hoarse suscite le quadrupède, comme *dandled* suscite
sandal. Le poème est suggestif, non parce qu'il nous
donne à voir un paysage boisé, mais parce que la donnée
— lieu commun de la description courante du bel arbre
— engendre une *allégorie* de la douceur du repos (c'est-
à-dire une silhouette dont l'un des attributs, la sandale qui
oscille, permet de reconnaître la signification), ou plutôt
une allusion à ce repos. Non pas une figure complète qu'il
faudrait mettre en situation à l'ombre, orientée par
rapport à l'arbre à l'aide de connectifs grammaticaux,
mais au lieu de cela, grâce à un jeu de mots, un fragment
du portrait du personnage alangui *(sandalled)* répète
presque le verbe qui décrit le va-et-vient *(dandled).* Le
verbe est clairement référentiel, mais il n'est pas porteur
du sens poétique qui fait que nous sommes censés nous
sentir tristes à évoquer les arbres disparus. Le jeu de
mots, par définition, *n'est pas* référentiel, et cependant il
porte la signifiance de l'image du paysage.

Quand l'extension de l'hypogramme dépasse un membre de phrase ou une phrase, je propose de l'appeler
système descriptif. Il est plus complexe que les réseaux de
présuppositions. Il a pour composants, non de simples
mots, mais des phrases complètes, des fragments de
description, etc., et ses composants lexicaux sont liés
entre eux par des stéréotypes qui forment un ensemble

de représentations souvent déjà investies d'un statut littéraire. Ainsi le système substitue au référent du mot-noyau une véritable mythologie, familière à quiconque connaît la langue. Le concept d'« arbre », avec encore une fois ses diverses implications littérales ou métaphoriques, fournit au locuteur un modèle idéal d'associations familières : des racines, tant littérales que métaphoriques, au feuillage, comme ombrage ou résidence des oiseaux, ou des pensées (si l'arbre représente l'homme) aux variations thématiques sur l'arbre comme microcosme — le passé, s'il symbolise un témoin éternel, ou l'avenir, comme l'image du chêne qui est en puissance niché tout entier dans le gland, et ainsi de suite. Le modèle est comme un espace imaginaire à l'intérieur duquel ses composants sont distribués de manière à définir leurs fonctions réciproques. Deux synonymes — c'est-à-dire deux mots qui ont le même référent — auront deux systèmes différents : c'est la preuve que le système a remplacé le référent. Voici comment opère la substitution du système au référent : chaque composant du système fonctionne comme métonyme de son noyau. Mais, tandis que dans la langue ces métonymies conservent leur fonction métonymique, dans le discours littéraire toute métonymie peut jouer comme métaphore et comme périphrase de l'ensemble : à tout endroit du texte où le système reste implicite, le lecteur est en mesure de combler les lacunes et de rassembler, à partir de chaque métonymie, la représentation complète, dont l'évocation n'est normalement commandée que par le mot-noyau.

L'allégorie est un exemple de ce type de système. La signification de ses composants fonctionne, non comme dans le dictionnaire, mais en relation à une personnification centrale. Le système descriptif du mot *espoir,* par exemple, est un épi de maïs encore vert, des yeux levés au ciel, et une ancre de navire. Chacun de ces composants est, pour son propre compte, un symbole ou une métaphore indépendants : les épis de maïs sont verts, donc ils mûriront, et, par analogie, ils représentent la promesse de toutes les moissons, et particulièrement de la moisson spirituelle. Les yeux qui regardent vers le ciel expriment une attente ou une certitude semblables de la vie éternelle. L'ancre représente la stabilité, puisqu'elle amarre le navire au port : le port auquel il est ainsi métonymiquement fait allusion est déjà établi comme symbole de la sécurité et de la fin du voyage et des épreuves, à l'intérieur d'une métaphore de la vie comme voyage. Épi de maïs, feuilles et bourgeons permettent à l'écrivain d'exprimer l'espoir nouveau-né ou l'espoir passé, selon qu'ils sont verts ou fanés. Ce ne sont plus des qualités référentielles des plantes, mais des signes positifs ou négatifs dans le contexte du discours allégorique. Cependant, comme composants du système, chaque élément représente séparément, indépendamment des symbolismes que je viens d'indiquer, l'ensemble du système d'*espoir*. De façon similaire, le mot *temps* a son allégorie familière : le vieil homme portant sa faux et son sablier. Mais il a également un certain nombre de métonymes, tous bien attestés dans la littérature, et parmi lesquels le paradigme des objets indiquant l'heure est celui dont l'importance est la plus évidente : horloge, montre, sablier, clepsydre, cadran solaire. Ces deux systèmes constituent la plus grande partie du lexique du poème de George Herbert « l'Espoir » :

HOPE

I gave to Hope a watch of mine ; but he
*   An anchor gave to me.*
Then an old prayer-book I did present.
*   And he an optick sent.*
With that I gave a viall full of tears :
*   But he a few green eares.*
Ah Loyterer ! I' le no more no more I' le bring :
*   I did expect a ring.*

J'ai donné à l'Espoir une montre qui m'appartenait ;
[mais lui,
Une ancre il m'a donnée.
Alors un vieux livre de prières j'ai donné.
Et lui, une lunette envoya.
Je donnai encore une fiole pleine de larmes :
Mais lui, quelques épis verts.
Ah ! Le flâneur ! Plus rien, rien plus n'apporterai-je
J'attendais un anneau.

Cet échange de dons entre l'Espoir, simplement personnifié, et le locuteur met apparemment les commentateurs dans un embarras sans fin — et pourtant, ce n'est que parce qu'ils succombent à l'illusion référentielle. Une des plus récentes victimes de cette illusion trouve absurdes les présents échangés : « le poète donne un gage d'amour, la montre, et reçoit en retour, de façon absurde, un objet dont les dimensions font un cadeau bien peu maniable, une ancre — [et ensuite en échange d'] un trésor personnel [le livre de prières], il reçoit un instrument scientifique impersonnel [la lunette] », etc. Je ne reproduis ce fatras que pour prouver le pouvoir de la mimésis : on se sent empêtré dans les choses. Mais au niveau du texte, on doit comprendre la précision mimétique comme un procédé stylistique destiné à modifier les connotations. La *lunette,* transformation du regard pensif de l'espoir, commence par ajouter une hyperbole, puisqu'elle est plus puissante que l'œil nu. Byron a écrit quelque chose de semblable sur le « télescope de la vérité ». La fonction est la même, que la réalisation soit positive, comme ici, ou négative, comme dans *Hope's deceitful optics* (« les Trompeuses Lunettes de l'Espoir ») de Henry Kirke White. Il se produit un changement sémiotique, qui résulte de la conversion, puisque nous avons la même transformation du sablier en « montre » qui donne le ton à celle des yeux en « lunette » : la conversion oriente les images vers la modernité, l'allégorie se trouvant mise au goût du jour à l'aide de gadgets contemporains. Chaque terme modernisé fonctionne comme un marqueur linguistique et, en tant que tel, transforme les genres. Ici, chacun d'eux déplace le poème du domaine de l'allégorie, du trait d'esprit philosophique, vers la remarque personnelle, évoquant une expérience affective réelle. Voici, plus substantielle que les remarques que je viens de citer, l'interprétation de William Empson :

> Tout d'abord, il y a ironie, en ce que le locuteur ne traite qu'avec l'Espoir, non avec la personne ou la chose espérée ; il n'a aucun contact réel avec son idéal, mais seulement avec son convoyeur... On peut considérer que le poème concerne principalement l'irritation et le découragement de l'âme devant la lenteur pour parvenir à l'union parfaite avec Dieu : si bien que la *montre* est la brièveté de la vie humaine et la longueur du temps déjà passé à attendre (puisque c'est cette signification double qui est visée, il fallait un symbole du temps, et non du temps considéré, ou dans sa durée, ou dans sa brièveté) ; l'*ancre*, ou bien une certaine espérance de résurrection, ou bien un pouvoir acquis d'endurance, pouvoir de s'accrocher au faible gain déjà réalisé ; le *livre de prières*, une règle de vie ordonnée ; la *lunette*, la foi qui peut regarder vers le ciel... et contemplation lointaine du Paradis ; la *fiole*, marque du repentir, ou des douleurs du désir de l'union parfaite avec Dieu... ; les *épis verts*, faibles signes de croissance spirituelle ou de réalisation mystique... ; et l'*anneau*, l'oméga, figure parfaite du Paradis ou de l'éternité, mariage avec Dieu, ou halo. Mais, même alors, cette signification ou sujet unique du poème contient des métaphores... tirées, ou bien des services d'une cour assidue, si on considère le *livre de prières* comme contenant le service du mariage, et l'*anneau* comme un symbole sexuel..., ou bien des ambitions de la vie profane, puisque le mouvement d'échange de présents suggère... des manières de se faire consentir des privilèges et l'*anneau* pourrait être la marque d'une charge.

Les disciples d'Empson auront reconnu dans les diverses traductions de chaque symbole une ambiguïté du troisième type : deux idées, reliées seulement par leur commune pertinence dans le contexte, peuvent résider simultanément dans un même mot — c'est-à-dire que chacun des mots a deux référents. On ne peut aboutir à cette analyse que par une lecture atomistique, qui ne reconnaît pas que les mots séparés n'ont pas des significations séparées. Une telle lecture amène Empson à retenir une signification étrangère aux conventions emblématiques de la poésie métaphysique, tel l'anneau comme halo ou symbole sexuel. Il est amené à supposer que, comme personnage, l'Espoir est secondaire, n'ayant de signification que comme évocation indirecte d'une personne réelle dont on désire l'amour ; il propose une lecture qui ne décide pas, qui laisse presque toute liberté, alors que la nature monumentale, inaltérable de l'œuvre d'art, du poème écrit, implique une lecture contraignante, qui limite strictement les choix de l'interprète.

Les choses deviennent beaucoup plus simples une fois qu'on a reconnu que *anchor,* l'ancre, *green ears of corn,* les épis de maïs verts, et *optick,* la lunette, ne signifient pas diverses facettes discrètes de l'espoir. Tous ces éléments valent, individuellement, comme métaphores pour l'ensemble : contemplation obstinée d'un avenir.

Et maintenant nous comprenons le titre — pourquoi ce n'est pas le nom de l'être espéré, mais l'Espoir lui-même. Maintenant nous comprenons la frustration du locuteur. C'est qu'en échange de tous ses dons, l'Espoir ne fait que lui donner seulement de l'espoir, encore de l'espoir, toujours de l'espoir, et rien d'autre, et de fait ne pourrait pas lui donner autre chose sans cesser d'être. Comme le dit Emily Dickinson

> *Hope is a subtle Glutton*
>
> *His is the Halcyon Table -*
> *That never seats but One -*

And whatsoever is consumed
The same amount remains -

L'Espoir est un subtil Glouton

Sa table est la Table d'Alcyon -
On ne peut y prendre place qu'à Un -
Et quoi qu'on y consomme
La même quantité demeure -

L'Espoir ne peut combler sans cesser d'être espoir. Et
l'Espoir cesserait d'être si l'anneau était donné, car
l'anneau est le symbole de la Foi — certitude et
possession assurée, espoir comblé.

Pour les présents du locuteur, les traits sémantiques
qu'ils ont en commun sont mis en valeur et ceux qu'ils ne
partagent pas, éliminés. Chacun est la pierre de touche
des autres. Cette signification composite n'est autre,
bien sûr, que la Vie : la *montre,* c'est le temps, mais lié à
la personne qui a une montre à offrir. Et, dans la mesure
où le *livre de prières* est un livre d'heures, le mot
prayer-book (spécialement dans le cas d'un livre de
prières vieux et très utilisé), c'est encore le Temps, et
tout aussi bien intégré dans une existence d'homme.
Viall of tears, la fiole de larmes, illustre joliment
l'interférence des structures, car le mot *tears* (larmes)
appartient à deux systèmes descriptifs qui se rencontrent
en ce point : les *larmes* comme présent, cliché omnipré-
sent dans la poésie amoureuse, où elles constituent des
dons appropriés — elles sont pierreries et perles —, et
les *larmes* comme instants de chagrin ou de repentir.
Dans les deux cas, on les recueille dans un calice ou une
urne lacrymale, en guise de pièces à conviction. Et dans le
second cas, ce sont les mémentos de la vie du chrétien ou
du pécheur : aux dires de Thomas Ken, théologien du
XVIIIe siècle, « les larmes de Madeleine remplissaient
chaque jour son lacrymatoire ». Et Swinburne, dans
Atalanta, combine de façon significative les deux, le

Temps tenant la fiole, le Deuil tenant la clepsydre — une horloge qui mesure ainsi le temps à l'écoulement des larmes :

> *Before the beginning of years*
> *There came to the making of man,*
> *Time with a gift o tears,*
> *Grief, with a glass that ran.*

> Avant le commencement des ans
> Il vint à la fabrication de l'homme
> Le Temps, avec un don de larmes,
> Le Deuil avec un verre qui s'écoulait.

Et je pourrais citer bien d'autres clepsydres de larmes, de la poésie baroque au romantique allemand Jean-Paul et à Mallarmé. Je ne dis pas que telle est ici la signification du flacon de larmes, je ne fais que noter la récurrence de cette combinaison, comme nouvelle preuve d'une signifiance qui a peu à voir avec le référent « larmes » ou avec le référent « urne », mais qui n'est explicable que dans un système descriptif du *temps* ou plutôt du *temps d'affliction :* la vie est triste, et la clepsydre laisse s'écouler le temps larme à larme. Le locuteur du poème d'Herbert a peut-être tort de se sentir frustré. Car si l'Espoir ne lui donne que ce qu'il peut donner, qui est l'espoir — celui qui se plaint ne fait de son côté que donner sans trêve le même fastidieux présent. Il n'a que la Vie à donner. Rien n'arrive, et c'est ça la vie ; ou, en sens inverse, tant qu'il y a de la vie, il y a de l'espoir.

La beauté de ce poème, c'est qu'il fait pleinement usage de ce que j'appellerai le trait fondamental de la signification poétique. En poésie, la séquence verbale *ne produit pas* un sens qui se développe progressivement : ce n'est que durant la première lecture que la séquence verbale fonctionne comme mimésis, entassant élément d'information sur élément d'information. Au travers du processus rétroactif, la sémiosis prend le relais, et ces composants discrets sont perçus comme des variantes du même message sans arrêt répété. Au niveau de la mimésis, les présents échangés varient ; pour la sémiosis, ils sont identiques : je lui ai donné la vie, il m'a donné l'espoir, ou mieux : je me suis donné, il s'est donné. Le message du poème — l'ironie de la vie (en d'autres termes, la réduction de la vie à l'espérance) — est transmis par une expansion pure et simple du titre.

Ainsi, ce n'est peut-être pas faire preuve d'un excès d'audace que de conclure que la référentialité effective n'est jamais pertinente à la signifiance poétique... Mais l'illusion référentielle, en tant qu'illusion, est la modalité de perception de cette signifiance : la grammaire des stéréotypes verbaux concernant les choses crée le fond sur lequel nous repérons l'agrammaticalité qui signale le passage de la mimésis à la sémiosis. Les fonctionnements de la surdétermination suggèrent clairement que le texte poétique est autosuffisant : s'il y a référence externe, ce n'est pas au réel — loin de là. Il n'y a de référence externe qu'à d'autres textes.

Traduit de l'anglais par Pierre Zoberman.

PHILIPPE HAMON

Un discours contraint *

I

On connaît les textes canoniques fondamentaux : *Poétique* d'Aristote, *Cratyle* et fin de *la République* de Platon, etc., qui circonscrivent une idée fixe culturelle à la recherche d'un statut poétique, la *mimesis* [1]. Cependant, les rhétoriques classiques et néo-classiques n'ont pas élaboré de théorie précise et cohérente de ce concept, se bornant à enregistrer des figures souvent synonymes comme l'hypotypose, le tableau, la description, la topographie, etc., ou à mettre sur pied des paradigmes élémentaires (du type diegesis/mimesis par exemple, ou vérité relative/vérité absolue). Ou bien le problème a été abusivement ramené à celui du traitement de l'« espace » (c'est toujours par ce biais qu'il est abordé dans les manuels). Mais si la référence à la réalité fait partie intégrante, sur le mode litanique et quasi obsessionnel, de notre culture occidentale, depuis la « fenêtre » d'Alberti jusqu'à la « fenêtre » et l'« écran » naturalistes, en passant par la règle de l'*ut pictura poesis* et par les multiples déclarations des écoles littéraires dont on sait que chacune a fait sa révolution au nom du (d'un) « réalisme », il est curieux de noter que, parallèlement, soit directement, soit par le biais de critiques portées contre des figures comme la *description* ou la

* Ce texte reprend, avec quelques aménagements, un article paru sous le même titre dans *Poétique*, 16, 1973.

phase imitative, cette mimesis a été l'objet de vives
critiques et de condamnations explicites [2]. Il y a là ce que
l'on pourrait appeler une « hésitation culturelle », perceptible aussi bien dans le discours des auteurs que dans
celui des théoriciens, dans celui des critiques normatifs
que dans celui des analystes descripteurs, dans celui des
« littéraires » que dans celui des hommes politiques
(« soyons réalistes » est une phrase type d'homme politique ; on peut se référer au vif débat qu'il y eut entre 1932
et 1940 en Russie et en Allemagne avec Lukacs, Brecht,
Anna Seghers comme principaux protagonistes ; voir
aussi Jdanov et les débats autour du *réalisme socia-
liste* [3]) ; il s'agit, si l'on veut, d'une hésitation entre la
Poétique d'Aristote (toute la littérature est imitation) et
le *Laocoon* de Lessing (la langue ne peut copier le réel),
entre une prescription (la littérature doit copier le réel)
et une interdiction (la littérature ne doit pas copier le
réel), ou d'une hésitation entre la mimesis comme fait de
culture (donc variable) ou comme fait de *nature* (un
certain type de discours, un invariant stylistique), hésitation dont M. Foucault s'est fait l'archéologue en écrivant
son « histoire de la ressemblance », J. Derrida s'atta-
chant à démonter la *logique* même de ce concept [4].
Ainsi, près de nous, nous voyons des analystes aussi
attentifs que R. Jakobson ou Valéry paraître balancer
entre deux attitudes. Tantôt Valéry présente (et
condamne) le réalisme en littérature comme la quintes-
sence du non-contraint, c'est-à-dire à la fois du non-
scriptible et du non-analysable (c'est-à-dire aussi de tout
ce qu'il déteste : le prosaïque, le transitif, l'amorphe, le
non-réglé, le non-déterminé, le romanesque, le non-
nécessaire — marquises sortant à 5 heures, etc.), tantôt,
allant jusqu'au bout de ses condamnations, il semble
faire du discours réaliste une sorte de *maniérisme*, une
sorte de « gymnastique », et le pose alors implicitement
comme un type spécifique comportant figures, conventions et rhétorique propres (en effet quoi de plus

« réglé », de plus « stylisé » qu'un mouvement de gymnastique ?) [5]. Dans un article important datant de 1921 [6], Jakobson s'efforce de son côté de pratiquer un déblayage méthodique du problème. Sa conclusion semble être que le « réalisme » en littérature est principalement une question de convention esthétique, une sorte de programme ou de concept tactique invoqué par une génération d'écrivains pour se démarquer d'une génération précédente, que par conséquent il est vain d'en chercher des critères formels spécifiques, et que l'on peut tenir pour acquise « la relativité de la notion de réalisme » [7]. On trouverait une attitude semblable chez B. Tomachevski en 1925 : « Le matériau réaliste ne représente pas en soi une construction artistique et, pour qu'il le devienne, il faut lui appliquer des lois spécifiques de construction artistique qui, du point de vue de la réalité, sont toujours des conventions [8]. » Cependant, à lire de près l'article de Jakobson, on s'aperçoit qu'à côté de cette attitude « sociologisante » et relativiste l'auteur ouvre une porte sur une approche typologiste du problème. Il définit, on le sait, plusieurs emplois du mot réalisme :

a) le réalisme du *projet de l'auteur,* projet conçu soit comme une *déformation* des canons artistiques en cours, soit comme une *adéquation* à une tradition artistique antérieure ;

b) le réalisme *perçu par le lecteur,* soit qu'il approuve les habitudes artistiques en cours, soit qu'il les désapprouve comme déviation ;

c) le réalisme comme *école* artistique historiquement déterminée (par exemple certains romanciers français ou russes du XIXe siècle) ;

d) le réalisme comme procédé de « caractérisation inessentielle », défini linguistiquement par la priorité donnée à la *métonymie* ou à la *synecdoque,* mais constituant toujours pour Jakobson une sous-classe (une école) de *c* ;

e) le réalisme comme « motivation conséquente », comme remplissage justificatif et logique de la mise en œuvre narrative du texte.

La problématique esquissée par les deux derniers points intéressera tout particulièrement les *typologistes* attentifs à la définition et à l'enregistrement de *marques formelles* ainsi qu'à la construction d'un modèle général du discours réaliste. Jakobson est souvent revenu, par la suite, et en des endroits très divers, sur le point *d* de son article de 1921 : « C'est la prédominance de la métonymie qui gouverne et définit effectivement le courant littéraire qu'on appelle " réaliste ", qui appartient à une période intermédiaire entre le déclin du romantisme et la naissance du symbolisme et qui s'oppose à l'un comme à l'autre. Suivant la voie des relations de contiguïté, l'auteur réaliste opère des digressions métonymiques de l'intrigue à l'atmosphère et des personnages au cadre spatio-temporel. Il est friand de détails synecdochiques [9]. » Jakobson semble donc prendre toujours soin de souligner que ce critère est valable uniquement pour une *école littéraire* particulière (le sens *c* de son article de 1921), et non pour un *type général de discours*. Mais parfois aussi il semble ouvrir la voie à une extrapolation possible de l'un à l'autre (toute prose donnerait une sorte de priorité à l'axe métonymique) [10]. Nous retrouvons là l'hésitation valéryenne (un discours amorphe ou une gymnastique ?). D'ailleurs, si nous continuons de lire Jakobson, on pourrait voir, dans son modèle hexa-fonctionnel du langage, réservée implicitement la place à un *type* de discours « référentiel », caractérisé par la priorité donnée par le message à l'expression du « référent » [11]. Pourtant, alors qu'il caractérise brièvement chacune des grandes fonctions par un paradigme de marques, de constructions linguistiques types, ou d'exemples — en traitant, on le sait, plus en détail et à fond la fonction poétique —, Jakobson note simplement que la visée « dénotative », « cognitive », est « la tâche dominante de nombreux messages », ce qui nous laisse un peu sur notre faim, et que *fonction poétique* et *fonction référentielle* sont, en un sens, opposées, dans la mesure où la première « approfondit la dichotomie signe-objet » en mettant l'accent sur le côté « palpable » des signes. Continuer l'analyse de Jakobson consisterait donc à essayer de décrire ce qui se passe dans certains énoncés (littéraires et non littéraires) à « dominante » réaliste, et d'autre part à essayer de donner un statut « poétique » à cette fonction référentielle, à définir une « littérarité référentielle », à voir si l'on peut parler d'un *discours à la fois poétique et réaliste*, c'est-à-dire aller au-delà d'un certain nombre d'images simples sur la question (l'« universalité » de la fonction référentielle, sa « priorité », l'assimilation réalisme = prose, quand ce n'est pas réalisme = prosaïsme, ou réalisme = romanesque), au-delà de la déploration du côté amorphe, transitif, périssable (Valéry), non contraint, non marqué, inanalysable, des textes où elle domine hiérarchiquement, etc., attitudes qui empêchent évidemment son accession à un statut poétique théorique.

II

Mais même en laissant de côté l'abondante littérature que l'histoire de la philosophie ou celle de la logique nous proposent autour du concept de réalisme, et en posant la question en termes de poétique ou de sémiotique littéraire, il n'est pas certain qu'on puisse aujourd'hui (re-)parler sérieusement de ce problème de la représentation, de la mimesis, ou du réalisme. Les développements récents de ces dernières disciplines ont, on le sait, renvoyé ce problème rejoindre dans une sorte de purgatoire critique des questions comme celles de la définition de la littérature, de la distinction prose/poésie, de la norme et de l'écart, du goût et des progrès en art, ou de la classification en genres, questions qui attendent toujours leur réactivation et leur reformulation [12]. La linguistique, en particulier, n'a pas peu contribué à fermer et à bloquer la recherche théorique en cette matière, en nous apprenant que la langue est forme et non substance, structure et non nomenclature, etc., qu'elle ne peut donc « copier » le réel, et que, d'un point de vue sémiologique, la question du réalisme doit se formuler ainsi : *peut-on reproduire par une médiation sémiologique (avec des signes) une immédiateté non sémiologique ?* Une telle formulation restreint le débat et semble donc renvoyer, en un premier temps, au problème particulier de la *motivation* et des *degrés d'iconicité* des systèmes de signes que l'on répartit d'ordinaire en systèmes *motivés* (analogiques), fonctionnant par *plus* ou par *moins* (de ressemblance avec l'objet dénoté), et en systèmes *arbitraires* (digitaux) fonctionnant par présence ou absence, par différences. Les problèmes à résoudre sont alors, on le sait, le problème des systèmes mixtes, celui des relations entre systèmes *interprétants* et systèmes *interprétés*, des modalités de passage (ou de paraphrase ou d'équivalence) d'un système à l'autre [13], etc. La problématique ainsi circonscrite, le langage ne peut (ne pourrait) donc imiter dans la réalité que :

a) du langage (parlé ou écrit), et un énoncé linguistique ne peut alors « reproduire » qu'un énoncé ou un fragment d'énoncé linguistique identique déjà dit *par lui-même* (l'anaphore, la tautologie, la répétition seraient alors les figures types de cette reproduction), ou déjà dit *par un autre énoncé* linguistique (le métalangage, la citation, la retranscription, la parodie, le pastiche... en seraient alors les figures types). Nous avons là un premier sens du mot « réalisme » *(réalisme I)* que l'on pourrait appeler « réalisme textuel » [14] ;

b) certains éléments du réel (bruits, mouvements, lignes...) iconifiables par l'écriture ou par la parole linéaire et doublement articulée (onomatopées, effets diagrammatiques ou calligrammatiques, etc.). Nous avons là un autre sens du mot « réalisme » *(réalisme II)* que l'on pourrait appeler « réalisme symbolique » [15].

Cependant, il serait sans doute aisé de montrer que tous ces procédés n'ont qu'une existence précaire, perpétuellement menacée diachroniquement et synchroniquement par l'impérialisme des systèmes arbitraires *(pipio* devient *pigeon ;* et les traducteurs de bandes dessinées traduisent aussi les onomatopées pour les adapter aux systèmes phonologiques propres des langues d'arrivée), que tout fragment textuel répété peut être, inséré dans un contexte différent, porteur d'information nouvelle, et que toute retranscription de parole dans l'écriture est différence (parce que différée). Élaborer une typologie du discours réaliste suppose que nous construisions un nouveau concept du réalisme qui ne soit ni le sens I (réalisme textuel) ni le sens II (réalisme symbolique), que nous construisions notre objet différemment ou d'un autre point de vue, notre projet étant de mettre l'accent sur le *texte* réaliste plutôt que sur le *signe* réaliste, sur un *type* virtuel de discours à construire plutôt que sur des « avatars » (G. Genette) historiques du cratylisme à enregistrer, sur des manifestations discursives (récits, systèmes descriptifs, topologie des savoirs, réseaux anaphoriques) plutôt que sur des manifestations poétiques, sur des problèmes de sémantique plutôt que sur des problèmes prosodiques. Mais ce n'est sans doute pas seulement une question de *quantité* de l'objet à traiter (passer du *signe* au *texte*), et doit intervenir une question *qualitative* de méthode (changer de point de vue pour repenser le problème de la représentation après le passage décapant des concepts linguistiques).

III

Mais réactiver sur de nouvelles bases et à de nouveaux frais cette question du texte « réaliste » pose un certain nombre de problèmes méthodologiques. Il est évident que ce programme est non seulement paradoxal (construire une typologie du discours réaliste en sachant bien que la langue ne « copie » pas et ne peut « copier » le réel), mais difficile à définir par rapport à celui d'autres approches : en effet, esquisser une typologie implique que celle-ci ne se confonde ni avec une *poétique* ou une *théorie de la prose* (Chklovski, T. Todorov), théories généralisantes et transtypologiques, axées de surcroît sur les problèmes du narratif ou du « romanesque », ni avec une étude d'*école littéraire* au sens strict (par exemple, l'étude du roman français du XIXᵉ siècle), ni même — et ce serait sans doute là une approche idéale de la question — une étude spécifiquement *littéraire* : l'encyclopédie, le traité technologique, le trompe-l'œil architectural ou pictural, le descriptif publicitaire, etc., ont sans doute tous quelque chose à voir avec le « discours réaliste », et l'étude de la « littéralité » de ce discours, qui renvoie à l'élaboration préalable mais problématique d'une « grammaire textuelle », devrait théoriquement être prioritaire sur celle de sa « littérarité ».

Il faudrait donc faire pour le *discours réaliste* ce qu'a commencé de faire Todorov à propos du *discours fantastique* [16]. On le sait, Todorov distingue le *fantastique* proprement dit, défini par une *hésitation continue* entre réel et surnaturel (donc conservant un élément *réaliste* comme pôle d'opposition interne), du *merveilleux* (monopole permanent du surnaturel) et de l'*étrange* (où le surnaturel est expliqué rationnellement). A suivre Todorov, il y aurait donc une « case vide » à décrire dans ce *système,* et le discours réaliste s'opposerait donc proprement au merveilleux (comme discours monopolisé par une seule tendance), plutôt qu'à l'étrange ou au fantastique (qui sont tous deux des discours « mixtes »). Mais contrairement à l'élaboration ou à l'analyse d'autres corpus pour lesquels une cohérence et une unité globales sont d'emblée intuitivement ressenties (collection de « thèmes » obligés, tics stylistiques particuliers, stéréotypes et *topoï* institutionnalisés en un « genre » déjà codifié, etc., comme c'est le cas pour le fantastique par exemple), on ne voit guère *a priori* de « figures », de « thèmes », de « motifs » obligés se grouper spontanément pour constituer un groupe de critères ou un genre enregistrables. De surcroît, il se présente surtout *en prose,* c'est-à-dire dans un support « non marqué » *a priori.* Intuitivement, le discours réaliste se définirait surtout négativement, par un non-style, et l'effet de réel comme un « laissé pour compte » de la structure, comme un résidu non intégrable aux modèles descriptifs. Cela n'est pas sans importance : à la différence de l'auteur fantastique par exemple, qui peut explicitement souligner la fantasticité de son discours par des renvois à un corpus ou à un genre culturellement constitué (Gautier citant Hoffmann), l'auteur réaliste ne dispose pas de cet attirail citationnel. Pour lui, la médiatisation du genre, fondamentale pour déterminer des horizons d'attente chez le lecteur, donc l'identification et la lisibilité du texte, est voisine de zéro. Il lui faudra chercher et citer d'autres cautions et garants (l'Histoire par exemple, ou la Science), ou se citer soi-même (Balzac se citant, les personnages récurrents, les réseaux anaphoriques de la cohérence, et l'on revient alors à notre *réalisme textuel*). Il faudra aussi se situer par rapport à un certain nombre d'approches qui nous semblent particulièrement intéressantes, et qu'il faudrait intégrer et continuer.

La première consiste à prendre le problème diachroniquement et à suivre, dans la littérature (en acceptant

provisoirement ce champ comme donné), l'émergence,
les disparitions et les résurgences au cours des siècles, et
en des pays divers, d'un *courant* réaliste, dont le proto-
type se construirait petit à petit inductivement par
l'analyse stylistique [17]. On aurait là, alors, une sorte
d'*universel esthétique,* un peu une catégorie à la Wölfflin
ou à la Worringer. Il sera intéressant, au passage, de voir
si les moyens de créer l'illusion de la réalité ont varié au
cours des siècles, comment ils ont été encodés et
sélectionnés dans les diverses poétiques, et si certaines
poétiques se situent dans d'autres espaces normatifs (par
exemple en prônant la conformité à des batteries de
règles plutôt qu'au *réel*). Le danger, cependant, est de
tomber dans une vision finaliste et évolutionniste d'un
courant littéraire conquérant petit à petit des traits
définitoires qui ont en réalité implicitement conditionné
l'analyse elle-même, et dont l'archétype coïncide quasi
fatalement avec l'école réaliste du XIXᵉ siècle ; cette
vision, fondée sur le concept implicite de *progrès,* risque
alors de déboucher sur une attitude normative et cycli-
que ; Auerbach n'y échappe pas parfois : un texte
devient naturellement plus ou moins « parfait » selon
qu'il s'éloigne ou s'approche de l'archétype réaliste, qu'il
ne présente « pas encore », ou qu'il ne présente « déjà
plus », ou qu'il a « perdu » les traits définitoires en
question.

   Une seconde manière d'aborder le problème nous
semble être représentée par une recherche du genre de
celle que mène M. Riffaterre, à qui revient le mérite
d'avoir reposé en termes rigoureux, et sur la base d'une
problématique stylistique précise, le problème de la
représentation en texte, recherche où s'élabore la notion
centrale de *système descriptif* : ce nouveau concept
définit un modèle textuel particulièrement surdéterminé, « fait de signifiants associés les uns aux autres
selon la structure d'un signifié central, ses associations
étant elles-mêmes si bien concaténées qu'un signifiant

quelconque de ce système peut servir de métonyme à l'ensemble [18] ».

Une troisième et intéressante tendance de l'analyse contemporaine consiste à ramener ce problème irritant (qui joue un peu dans la recherche poétique le rôle tout aussi irritant et bloquant qu'a joué longtemps celui de l'*origine du langage* en linguistique) à celui du *vraisemblable,* défini comme un code idéologique et rhétorique commun à l'émetteur et au récepteur, donc assurant la *lisibilité* du message par des références implicites ou explicites à un système de valeurs institutionnalisées (extra-texte) tenant lieu de « réel ». Ce n'est jamais, en effet, le « réel » que l'on atteint dans un texte, mais une rationalisation, une textualisation du réel, une reconstruction *a posteriori* encodée dans et par le texte, qui n'a pas d'ancrage, et qui est entraînée dans la circularité sans clôture des « interprétants », des clichés, des copies ou des stéréotypes de la culture (Maupassant, dans ses innombrables descriptions du panorama de Rouen, copie-t-il le réel, ou se copie-t-il soi-même, ou copie-t-il la description de Rouen par Flaubert dans *Madame Bovary,* qui lui-même copiait un code pictural etc. ?) [19].

La difficulté majeure portera essentiellement sur les rapports entre les sens *c, d* et *e* des définitions jakobsoniennes de 1921 : l'analyse, inutile de le nier, partira en effet vraisemblablement d'un objet plus *donné* (légué et imposé par une tradition culturelle centrée sur un certain nombre de textes valorisés, « littéraires », et sur certaines époques historiquement déterminées — le roman picaresque, le XVIIIe siècle anglais, les romanciers français et russes du XIXe siècle) que *construit* par une approche typologique. Parler du texte réaliste comme d'un invariant textuel impliquera donc que l'on parte : *a)* d'un ensemble flou, mal défini, où la culture nous impose des noms comme ceux de Defoe, Flaubert, Zola, etc., pour : *b)* rechercher un certain nombre de critères

avant de : *c*) construire un modèle virtuel de discours,
définissant un petit nombre d'invariants et de règles de
variations (Propp ne prévoyait-il pas une « substitution
réaliste » pour son conte merveilleux [20] ?), qui intégrera
et redistribuera certainement par la suite des occurrences fort disparates et différentes. Cette démarche fatalement inductive et empirique en son début pourra aboutir
à des résultats ambigus : à supposer que l'on parte par
exemple de l'œuvre d'un Zola, ou d'un texte de Flaubert, les critères enregistrés en fin de compte seront-ils
valables uniquement pour ces auteurs de départ, ou bien
l'extrapolation vers un type de discours permettant de
décrire une foule d'énoncés ou de fragments d'énoncés
différents sera-t-elle possible ?

Enfin, un problème important de méthode qui se
présentera sera probablement celui des *niveaux de
description*. Si l'on accepte en gros, et à cause de leur
rendement, les postulats de la méthodologie structura-
liste tels qu'ils ont été mis en œuvre depuis plus d'un
demi-siècle, on sait que la rationalisation d'un objet
quelconque (langue, récit, mythe, manifestation signifiante donnée, texte, etc.) passe par la notion de
système, par celle de niveaux de description, par celle de
hiérarchie [21], et par la distinction *procès/objet*. D'où la
question : un *type* de discours (de texte) réaliste sera-t-il
défini et construit à partir de critères linguistiques « de
surface » (par exemple, par l'emploi de lexiques types,
de mots monosémiques à dérivation morphologiquement motivée, d'ordinaux, d'anaphores, par un certain
ordonnancement des termes à l'intérieur de descriptions, etc.), ou bien à partir de critères enregistrables à
des niveaux plus « profonds », plus « abstraits » (séquences types, syntagmes narratifs types, groupements actantiels et personnages particuliers, trajets discursifs-logi-
ques spécifiques, etc.), ou bien à partir de certains
modes de relation entre ces niveaux (par exemple,
l'isomorphisme des divisions textuelles et des divisions

narratives, ou la relation entre un lexique technologique monosémique et un personnage de savant ou d'ingénieur, le premier impliquant le second qui justifie en retour la spécialisation du premier) ?

L'approche linguistique ne nous livre, on l'a vu, et à strictement parler, que deux acceptions possibles (réalisme I et réalisme II), déjà bien défrichées, reconnues et balisées par la critique et la recherche. Mais ce n'est pas parce qu'une question se révèle être un faux problème, ou un problème mal posé par plusieurs siècles d'approches empiriques (le fantasme de la mimesis), ou comme problème exclu formellement d'un champ méthodologique spécifique (le champ linguistique par exemple), qu'il n'est pas reformulable autrement, ou d'un autre lieu, et que notamment le « désir de réalisme » ou le « programme réaliste » n'a pas engendré, dans la pratique générale ou occasionnelle de certains écrivains, des réalités stylistiques, c'est-à-dire la constitution d'un type de discours défini par un certain nombre de traits structuraux, de « connotateurs de mimesis »[22], de contraintes spécifiques, de schémas rhétoriques ou narratifs particuliers, voire d'une thématique particulière (alors que notre intuition nous dit qu'il n'y a *a priori* rien de moins contraint, rien de plus libre, que le discours réaliste), qui eux sont bien réels et enregistrables par l'analyse. Ce serait donc peut-être une manière de sortir des hésitations esthétiques (mimesis ou pas mimesis ?), de surmonter le blocage apporté par la linguistique (la langue ne peut pas copier le réel) et d'unifier un certain nombre d'approches récentes (diachronisme d'Auerbach ou de Foucault, méthode stylistique immanente à la Riffaterre), que de situer le problème non plus au niveau des systèmes signifiants *produits* (une collection d'*énoncés*), mais à celui de l'intention qui a présidé à la production de ces systèmes (un *acte*, un *procès d'énonciation*, un « pacte » de lecture), c'est-à-dire au niveau de la relation entre le *programme* d'un auteur et un certain statut de lecteur à créer. Il ne s'agit donc plus de répondre à une question du genre : *comment la littérature copie-t-elle la réalité ?*, qui est une question devenue sans intérêt, mais de considérer le réalisme comme une sorte de *speech-act* (Austin, Searle) défini par une posture et une situation spécifique de communication, donc de répondre à une question du type : *comment la littérature nous fait-elle croire qu'elle copie la réalité ?*, quels sont les moyens stylistiques qu'elle met — consciemment ou non — en œuvre pour créer ce statut spécial de lecteur, bref, quelles sont les « structures obligées » (on pourrait parler, avec certains linguistes, de « servitudes grammaticales » ou de « restrictions sélectives ») du discours réaliste ?

Une poétique ou une typologie du discours réaliste partirait donc, tactiquement, d'une *pragmatique*, l'hypothèse étant, selon une formule que l'on peut emprunter à K. Stierle, que « l'usage projeté d'un texte donne les règles de sa constitution [23] ». Nous aurions donc là une troisième acception (réalisme III) de notre concept, un réalisme que nous pourrions appeler *descriptif* [24], réductible à un problème de posture illocutoire, et qui définirait une situation communicative globale décomposable en un certain nombre de présupposés, dont l'étude ouvrirait autant de pistes à l'analyse ; ces présupposés, qui s'impliquent d'ailleurs mutuellement, et qui constituent ce que l'on pourrait appeler le « cahier des charges » du projet réaliste, seraient les suivants (liste non close) :

1. le monde est *riche,* divers, foisonnant, discontinu, etc. ;

2. je peux *transmettre une information* (lisible, cohérente) au sujet de ce monde ;

3. la langue peut *copier* le réel ;

4. la langue est *seconde* par rapport au réel (elle l'exprime, elle ne le crée pas), elle lui est « extérieure » ;

5. le *support* (le message) doit s'effacer au maximum (la « maison de verre » de Zola) ;

6. le *geste* producteur du message (style, énonciation, modalisation) doit s'effacer au maximum ;

7. mon lecteur doit croire à la *vérité* de mon information sur le monde.

Deux thèmes principaux nous paraissent pouvoir être extraits de ces présupposés, celui de *lisibilité* (le message doit pouvoir « retransmettre » une information) et celui de *description*.

IV

Rappelons un certain nombre de faits : la lisibilité d'un texte est fonction de l'interaction de plusieurs facteurs à la fois d'ordre interne (liés à la matérialité typographique et à la grammaticalité du message) et d'ordre externe (non propres au message); c'est-à-dire, à la fois, de la cohérence logico-linguistique du texte à tous ses niveaux (respect des règles d'accord, de rection, des restrictions sélectives sémantiques, des règles de l'ana-phorisation et de la substitution, non-perturbation des schémas discursifs et narratifs, absence d'ellipses, etc.), de son homogénéité et de son autonomie comme énoncé différé et écrit (pas d'intrusion de l'instance d'énoncia-tion), de sa stabilité typographique (ordre de la lecture, grandeur des caractères d'imprimerie...), et du respect de certains sous-codes culturels qui définissent une acceptabilité (la conformité au genre, le vraisemblable, l'anthropomorphisme des actants, l'anthropocentrisme d'un « héros » acceptable, etc.). Le pléonasme, l'ana-phore, la tautologie, la répétition, seraient donc les énoncés types du discours lisible (reprise en un endroit du texte d'un fragment déjà dit par le même texte), de même que le cliché ou la citation (reprise en un endroit du texte d'un fragment d'un autre texte). Or le projet réaliste s'identifie avec le désir pédagogique de transmettre une information (sur telle ou telle partie du référent jugée comme non promue à l'existence littéraire, comme « inexplorée », « mal connue », etc.), donc d'éviter au maximum tout « bruit » qui viendrait perturber la communication de cette information et la transitivité du message [25]. On peut donc penser que le texte réaliste-lisible se caractérisera probablement par des procédés destinés à assurer cette communication, comme par exemple :

a) une hypertrophie de la redondance ;

b) une hypertrophie des procédés anaphoriques ;

c) une hypertrophie des procédés phatiques (au sens jakobsonien) et des procédures de désambiguïsation interne, passant notamment par la multiplication des appareils métalinguistiques incorporés au texte ;

d) un rétablissement indirect (compensatoire) de la performance de son discours, d'une certaine autorité du dire, de l'instance d'énonciation : l'auteur réaliste lui-même — théoriquement expulsé au profit de l'autonomisation du texte comme Histoire, comme Énoncé autosuffisant et cohérent dans lequel toute « intrusion d'auteur » (Blin) équivaudrait à l'introduction d'un brouillage.

L'hypertrophie des procédés anaphoriques et de la redondance du texte vise essentiellement à assurer la cohésion et la désambiguïsation de l'information véhiculée, cela en mettant en corrélation des unités disjointes du même énoncé à un même niveau linguistique, des niveaux linguistiques différents du même énoncé, ou des éléments de deux énoncés distincts [26]. Il semblerait donc que, pour un lecteur (comme pour un spectateur de tableau ou de spectacle), le *réel* soit d'abord le *cohérent :* on retrouverait là la *motivation* du point *e* chez Jakobson, l'*hypotaxe* d'Auerbach ; Aragon : « Cette cohérence du récit qui s'appelle, pour moi du moins, le réalisme [27]. »

Nous pouvons donc peut-être commencer à faire l'inventaire, en vrac, d'un certain nombre de procédés qui constitueraient autant de critères de notre discours réaliste, procédés déductibles du « cahier des charges » du projet réaliste, procédés dont beaucoup se recoupent ou s'impliquent mutuellement et dont aucun, pris séparément, ne constitue à proprement parler une condition nécessaire ou suffisante.

1. Parmi les procédés assurant la cohérence globale de l'énoncé, nous pouvons enregistrer le *flash-back*, le souvenir, le résumé, le traumatisme d'enfance, l'obsession, la mention de la famille, d'une hérédité, de la tradition, la référence à un cycle, à un ancêtre, etc. : le texte renvoie à son déjà-dit. Inversement, par des procédés divers comme la *prédiction*, le pressentiment, la fixation d'un programme, le projet, l'indice, la lucidité, la malédiction, le mandement, l'établissement d'un contrat, le désir, la prise en considération d'un manque, etc., le texte laisse prévoir son a-venir [28].

La mention d'une hérédité ou d'une famille comme figure à la fois d'ancrage réaliste, de classement, de rappel et d'appel d'information (et on sait que les généticiens actuels pensent volontiers leur discipline en termes empruntés à la théorie de l'information), comme figure de transfert et de circulation d'un certain *savoir* génétique (et nous allons retrouver perpétuellement cette problématique de la circulation du savoir), est sans doute une figure importante, sous une forme ou une autre, et non limitée à Zola, du discours réaliste. Elle imposera également un personnage qui réapparaîtra souvent, celui du *médecin*, ou celui de l'*ami de la famille*, de l'*ami d'enfance* (celui qui connaît les antécédents), des scènes types comme la *crise* physiologique révélatrice (maladie, crise de puberté, éthylisme, mal héréditaire, etc.), et toutes les scènes de *conjonction* familiale (repas, anniversaires, réunions diverses, conseils de famille...) ou de *disjonction* (la *brouille* par exemple, qui permet à l'auteur d'avoir des personnages disponibles pour d'autres rencontres, la description d'autres milieux, etc.). La famille forme donc une sorte de champ dérivationnel « motivé », « transparent » (Saussure), où les noms jouent un peu le rôle de radicaux véhiculant une certaine information (données héréditaires, etc. — Macquart, Rougon, Thibault, Forsyte, Guermantes), et les prénoms celui d'une sorte de flexion apportant une information complémentaire (Nana, Pauline, Gervaise...), structures fonctionnant donc comme une « grammaire » des personnages (mode de classement, restrictions sélectives, prévisibilité de comportement, etc.) [29]. Elles formeront également un *lieu* propre à voir circuler un *savoir* destiné au lecteur (sous forme de cancans, ragots, médisances, confidences, etc.) et nécessaire à la compréhension de l'intrigue, ou à voir circuler des *objets* (l'héritage).

2. Élément également de lisibilité et de cohérence narrative, la *motivation psychologique* (des personnages), qui fonctionne comme un remplissage justificatif *a posteriori* de la trame fonctionnelle du récit (la suite logique des « fonctions » au sens proppien), l'explication du *post hoc ergo propter hoc* narratif [30].

3. De même, l'*histoire parallèle* : le récit est embrayé sur une méga (extra) Histoire qui, en filigrane, le double, l'éclaire, le prédétermine, et crée chez le lecteur des lignes de frayage de moindre résistance, de prévisibilités, un système d'attentes, en renvoyant implicitement ou explicitement (par la citation, par le nom propre, par l'allusion, etc.) à un texte déjà écrit qu'il connaît. Ce texte peut être sacré ou profane (par exemple, les références au siège de Paris dans *les Deux*

Amis de Maupassant, ou les références à la Genèse dans
la Faute de l'abbé Mouret de Zola, ou le passage furtif de
Napoléon III dans *la Débâcle* de Zola [31]). Mais le texte
réaliste privilégiera sans doute le texte profane (l'Histoire), qu'il situera aussi proche que possible de son
lecteur. Les références à un *ailleurs* (exotisme) seront
donc réduites, et le héros réaliste voyagera sans doute
fort peu loin de son milieu : l'Histoire viendra à lui,
plutôt que lui n'ira au loin chercher l'Histoire (des
histoires). Par cet embrayage systématique sur un
arrière-plan historique et politique, le texte se constitue
comme prévisible, et réduit sa « capacité » combina-
toire ; des séquences narratives du type : « *Les deux
amis tendirent une embuscade et tuèrent Bismarck* »
ou : « *Les deux amis, à la tête de leur bataillon, firent
une sortie et délivrèrent Paris de l'encerclement prus-
sien* » deviennent impossibles (quasiment agrammatica-
les). Les noms propres historiques ou géographiques
(Rouen, rue de Rivoli, Notre-Dame de Paris, etc.), qui
renvoient à des entités sémantiques stables, qu'il ne
s'agit d'ailleurs pas tant de comprendre que de reconnaître comme noms propres (et la majuscule en est la
marque typographique différentielle), fonctionnent
donc un peu comme les *citations* du discours pédagogique : ils assurent des points d'ancrage, rétablissent la
performation (garants-*auctores*) de l'énoncé référentiel
en embrayant le texte sur un extra-texte valorisé, permettent l'économie d'un énoncé descriptif, et assurent
un effet de réel global qui transcende même tout
décodage de détail [32], effet de réel souvent accentué,
dans les descriptions topographiques, par l'emploi d'un
« présent de cautionnement », d'un « présent de témoignage » (G. Blin, à propos de tours du type : « Le petit
bois qui *domine* le cours de la Fidélité à Verrières », ou :
«En sortant de Carville, *on trouve...*», chez Stendhal).

4. Constitue également un important facteur de *lisibi-*

lité du texte (facteur qui n'est certainement pas propre au discours réaliste), la motivation systématique des noms propres et des surnoms des lieux et des personnages. Plusieurs procédés sont possibles : ainsi un usurier s'appellera « Picsou » ou « Gobseck », un simple d'esprit « Simplet », un borgne « Leborgne », un jardin paradisiaque « le Paradou » (É. Zola), etc. Le discours merveilleux aime également cette transparence onomastique. Mais le discours réaliste jouera plutôt sur la connotation d'un contenu *social* (tel nom propre ou surnom connotera par exemple la roture, l'aristocratie, le métier, etc.) que sur la dénotation d'un trait caractériel ou physique. Sa démotivation même peut provoquer un effet de réel, en renvoyant implicitement à des contenus diffus comme : banalité, simplicité, vie quotidienne, personnage moyen, prosaïsme d'état civil (Monsieur/Madame...), etc. ; d'où sa place privilégiée en cet endroit stratégique qu'est le *titre,* où il fonctionne alors comme un véritable indicateur de genre « réaliste » (*Moll Flanders, Thérèse Raquin, Madame Bovary, Madame Gervaisais,* etc.). Des procédés d'explicitation divers peuvent venir renforcer dans le récit cette transparence onomastique : recherche des origines, recherche étymologique, etc., ce qui impose alors la création de personnages types comme le philologue, le guide, le généalogiste, le géographe, et de scènes types comme le baptême, l'imposition du nom, la visite d'un lieu, les scènes de présentation (« je vous présente M. X qui... »), scènes qui se dérouleront par exemple au cours d'une réunion, d'une réception, d'une fête ou d'une cérémonie quelconque[33] ; conséquence : le personnage réaliste sera rarement *seul* ; il aura des amis, rencontrera, au cours de promenades, des connaissances, sera mondain, aura de l'entregent *(inter-gentes)*, etc. Voir le statut sémantique des narrateurs des nouvelles de Maupassant, célibataires *mondains*, ou parvenus en instance de transfert de classe sociale.

5. Dans son effort informatif, le texte réaliste pourra jouer à fond sur la complémentarité sémiologique : le texte se présente alors comme surcodé (trait de la communication de masse : le récepteur qui n'aura pas accès au code *a* aura accès au code *b*), et peut entrer en redondance avec des illustrations (J. Verne et Riou, l'*Encyclopédie*), des photographies *(Nadja)*, des dessins *(Vie de Henri Brulard)*, des diagrammes (l'arbre généalogique des Rougon-Macquart, joint à *Une page d'amour*), ou bien même redoubler son information par des procédés diagrammatiques internes : *les Djinns* de V. Hugo, la phrase proustienne comme « onomatopée syntaxique » (L. Spitzer), la phrase « mimétique » de Flaubert [34], ou bien, indirectement, par référence aux arts visuels en général (la peinture chez Balzac ou Stendhal, la photographie ou la carte postale dans le Nouveau Roman, etc.) ou à telle œuvre d'art particulière signifiée par le texte (les peintures décrites à l'intérieur du discours roussellien, telle gravure accrochée au mur de la chambre du héros, par exemple, qui redouble ou annonce son destin, etc.). On pourrait donc définir le discours réaliste comme un discours *paraphrasable*. Très souvent le lisible s'articule sur le visible, et le visible inversement peut s'identifier au lisible, au racontable (Diderot et Greuze).

6. Tout message suppose, même en cas de communication différée (écrite), une source, une origine. Toutes les phrases P du message supposent donc un acte d'énonciation implicite du type : *Moi, auteur, je dis que P...* D'autre part le « cahier des charges » réaliste et la posture pédagogique supposent l'absence de cette instance d'énonciation, sous peine d'introduire dans l'énoncé un brouillage, un « bruit », une inquiétude (qui parle ? que veut dire l'auteur ? pourquoi intervient-il ? pourquoi modalise-t-il son propos ? etc.) [35]. D'autre part encore, l'auteur « réaliste » (comme le pédagogue) est

en possession d'un certain *savoir* (ses « fiches », sa connaissance d'un « objet », d'un « milieu », d'un « décor », d'une portion quelconque du référent), qu'il juge exhaustif et qu'il distribuera (par exemple) sous la forme de *descriptions*. D'où le problème à résoudre : comment rétablir indirectement la performation de mon énoncé descriptif, comment lui donner une autorité, un poids (celui de ma « fiche », de mon savoir, de mon « témoignage ») ? La formule implicite :

> Moi, auteur, absent de l'énonciation, je vous garantis à vous lecteur non informé une information exacte et vérifiable sur l'objet *x* en vous disant que (*a... b... c... d... e... n...*) (suit une description ou une information quelconque sur l'objet en question)

deviendra :

> Un personnage P_1 de « spécialiste », présent dans l'énoncé, participant au récit, dit que (*a... b... c... d... e... n...*) à un autre personnage P_2 non informé (ou non spécialiste, également participant au récit).

La source-garant de l'information s'incarne donc dans le récit dans un personnage délégué, porteur de tous les signes de l'honorabilité scientifique : une description médicale sera supportée et véhiculée par la bouche d'un personnage de médecin, une information esthétique par la bouche d'un personnage de peintre, une description d'église ou une information sur la religion à travers un personnage de prêtre, etc. Dans *le Ventre de Paris* par exemple, Zola se sert d'un personnage tout à fait épisodique, le peintre Claude Lantier, pour justifier des descriptions du type : « teinte claire d'aquarelle » (l'aube), « la lie de vin avec des meurtrissures de carmin » (les choux rouges), « l'immense épure lavée à l'encre de Chine sur un vélin phosphorescent » (les Halles), etc. C'est donc un *savoir*, la « fiche » d'information, qui bien souvent préexiste dans les ébauches du romancier à tout montage narratif (et cette habitude de composition, d'écriture, est *aussi* une marque du discours réaliste), qui crée le personnage romanesque ; ce dernier n'est donc plus que la justification, le truchement *a posteriori* de ce savoir, le garant vraisemblable d'une tranche lexicale technique à « placer ». Il n'est plus *fonction* romanesque, *fiction,* mais *fonctionnaire* délégué de l'énonciation réaliste, entièrement déductible des contraintes et du cahier des charges de cette posture. Il est là pour justifier et supporter une phraséologie (latin du curé, termes techniques du peintre, de l'esthète ou du médecin, argot professionnel particulier, etc.) ou pour authentifier une dénomination, délégué idéal du fichier de l'auteur sur la scène d'un texte. Contrairement au discours du scientifique qui met souvent en *notes* en bas de page, en *bibliographie* de fin de volume, en *citations* explicites, des références destinées à authentifier son dire, le texte réaliste les *intègre* dans son corps même sous forme de scénarios et de personnages types. A la limite, le réel n'est plus qu'une *mosaïque linguistique* (il y a le latin du curé, le cliché des humbles, le mot d'esprit de l'homme du monde, l'argot du soldat, le mot d'enfant, etc.), le texte n'est plus qu'une *répétition* (réalisme textuel I), toute manifestation d'idiolecte étant chargée de provoquer un effet de réel [36]. Cette *écriture* du jargon technique ou du travail fonctionne en plus comme métaphore du *travail de l'écriture.* Elle dit, en contrecoup : « Voyez comme l'auteur est savant », comme il « connaît » ce dont il parle. Le discours réaliste se caractérisera donc par ce que l'on pourrait appeler une *hypertrophie du translatif,* qui l'assimile encore au discours pédagogique (transmettre un certain savoir en l'appuyant d'une autorité — les *auctores* — conventionnellement reconnue), et où l'auteur délègue perpétuellement son statut de Destinateur. D'où ce trait paradoxal du discours réaliste, qui met beaucoup de soin à dissimuler le lieu d'où il parle ainsi que le statut pédagogique de son auteur et les conditions de sa production (la documentation, le fichier, les présupposés, le vocabulaire technique, etc.), mais qui dessine la figure cardinale suivante :

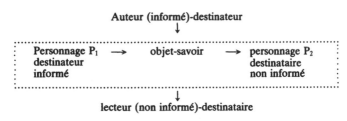

Auteur (informé)-destinateur
↓

Personnage P₁ → objet-savoir → personnage P₂
destinateur   destinataire
informé   non informé

↓
lecteur (non informé)-destinataire

générant le syntagme narratif type (qui peut exister sous une forme plus ou moins redondante ou elliptique) :

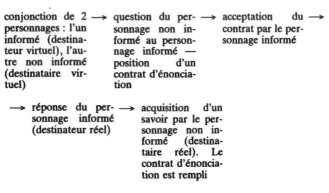

conjonction de 2 → question du per- → acceptation du →
personnages : l'un   sonnage non in-   contrat par le per-
informé (destina-   formé au person-   sonnage informé
teur virtuel), l'au- nage informé —
tre non informé   position d'un
(destinataire vir-   contrat d'énoncia-
tuel)   tion

→ réponse du per- → acquisition d'un
  sonnage informé   savoir par le per-
  (destinateur réel)   sonnage non in-
                       formé (destina-
                       taire réel). Le
                       contrat d'énoncia-
                       tion est rempli

Nous trouverons donc dans les rôles de destinateur de savoir ces personnages types du discours réaliste que sont : l'ingénieur (voir J. Verne), le spécialiste, l'érudit, l'autochtone, le médecin (Zola), le maniaque, l'original, le personnage à dada, le professeur, le patron, etc., et pour le rôle de destinataire-questionneur non informé : le néophyte, l'apprenti, le voyeur, le curieux, le disciple, l'autodidacte, l'espion, la commère, l'intrus, l'explorateur, l'ingénu, le voyageur, etc. Des motivations psychologiques comme la curiosité, le désir de s'instruire, la volubilité, seront invoquées pour justifier ces tranches lexicales descriptives. Le syntagme translatif type peut présenter des variantes :

conjonction d'un personnage P₁ (curieux, intéressé, désireux de s'instruire, en avance à un rendez-vous, faisant une pause, etc.) et d'un objet O (démultiplié en la nomenclature d'un lexique technique énumérant les parties d'un même tout)	→	*regard* de P₁ sur O ³⁷	→	transfert d'un savoir à P₁

ou bien :

conjonction d'un personnage P₁ (technicien, spécialiste, ouvrier, artisan, etc.) et d'un objet O à décrire	→	*travail* de P₁ sur O (l'ordonnancement du texte suit alors celui du mode d'emploi, P₁ manipulant successivement les parties de O)	→	transfert d'information à un personnage P₂ spectateur (admiratif, néophyte, apprenti, curieux, etc.)

D'où les chaînes régressives et vraisemblabilisantes : un *dire* supposera un *vouloir dire* (personnage d'informateur bavard, bienveillant, ou savant, etc.), un *regard* suppose un *vouloir voir* (le personnage sera un « curieux », un « espion », un « voyeur », etc.) et un *pouvoir voir* (le regard devra pouvoir se déployer à travers un corps ou un air transparent, une fenêtre, du haut d'un point de vue, grâce à une vue plongeante, grâce à une lumière naturelle ou artificielle) : c'est l'éternelle *fenêtre* ou balcon naturaliste, le hublot de cristal du *Nautilus*, etc., le *templum* (à gauche, à droite, devant, derrière...) réticulant les lignes de mire (ou de *dire*, ou de *faire*) des contemplateurs naturalistes, soit mobiles, soit « postés » ³⁸.

Notons enfin que les trois fonctions prétextes ouvrant les tranches descriptives (le *regard* attentif, la *parole* explicative et volubile, l'*acte technique* sérié et ordonnancé — déjà repéré chez Homère par Lessing ; pour les rhétoriciens classiques, rappelons-le, la seule « bonne » description est la description « homérique ») peuvent se combiner : tel personnage, par exemple, démontera une locomotive devant un apprenti qui le regardera faire et à qui il commentera le détail successif des pièces manipulées qu'il nommera au fur et à mesure. Ce qu'il faut bien voir, c'est qu'il est rare que de telles séquences de transmission d'un savoir ouvrent une incertitude pour la suite du récit, jouent un rôle de « disjoncteur » ouvrant des « possibles » narratifs, ou puissent être mises en corrélation logique avec d'autres séquences, ce qui montre bien qu'elles relèvent plus du niveau de l'*énonciation* (un auteur transmettant une information ponctuelle à un lecteur) que de celui de l'*énoncé,* où elles ont une fonctionnalité nulle : l'objet fabriqué, le décor aménagé par le *travail* du personnage, ne serviront à rien par la suite ; la *connaissance* que le personnage prend d'un panorama ou d'un objet, par son regard, ne déterminera pas son action par la suite ; l'*information* qu'il acquiert est oubliée sitôt transmise. On a affaire à un savoir défonctionnalisé du point de vue narratif (mais pas du point de vue pédagogique, où l'important c'est de « transmettre »). Ou bien alors, quand il a un rôle au niveau de l'*énoncé,* c'est un rôle de pure cohésion, de pur remplissage vraisemblabilisant, comme ces séquences bien repérées par Propp sous le nom de *liaisons,* et qui ont toutes pour objet également la transmission d'une information (surprise d'un secret, nouvelle, médisances, confidences, ragot, vantardise, plainte, récrimination, perception d'un signe, etc.) et la restitution d'une certaine cohérence de l'*énoncé,* d'un certain « nappé » du récit [39]. Mais, en aucun cas, il ne s'agit dans le texte réaliste d'une quête globale et « vitale » (fonctionnelle)

de *savoir* (comme dans le discours fantastique : qui est le
Horla ? qu'est-ce qui m'arrive ? — voir les titres sous
forme interrogative de Maupassant : *Un fou ? Fou ?
Lui ? Qui sait ?* — ou comme dans le roman policier :
Qui a tué Harry ?), ou d'une quête du pouvoir que
procurerait ce savoir (recherche d'un secret, d'une
formule magique, etc.). Le discours réaliste est simplement un discours *ostentateur de savoir* (la fiche descriptive) qu'il s'agit de *montrer* (au lecteur) en le faisant
circuler (dans et par un récit, et en l'accompagnant des
signes les plus ostensibles de l'*autorité*).

Il y aurait donc, dans le discours réaliste, et enregis-
trable au niveau de ses structures narratives, ce que l'on
pourrait appeler une *topologique des savoirs* particulièrement dense, l'énoncé étant monopolisé au seul profit
des scènes de transfert, d'acquisition, de transmission,
etc., de cette modalité, soit que ces scènes elles-mêmes
ne soient que la manifestation textuelle du schéma global
de l'énonciation, l'affleurement du fichier de l'auteur,
soit qu'elles ne fassent que boucher les vides du récit et
restituer une vraisemblance narrative. Ce discours est
donc fondamentalement fantasmatique, dans la mesure
où il ressasse indéfiniment le même scénario, celui de sa
propre production, occultée par le présupposé pédagogique de l'objectivité, de l'impersonnalité, et l'on pourrait
donc définir le discours réaliste comme celui où *les
structures sémantiques de l'énonciation se confondent au
maximum avec les structures sémantiques de l'énoncé*. De
plus, il montre bien par là la confusion qui le fonde,
l'assimilation du *réel* à la *connaissance* (au savoir) qu'on
a de l'objet qu'on décrit ; plus on connaîtrait, plus on
serait réaliste, et l'auteur réaliste est un grand lecteur
d'encyclopédies qui court toujours après le « dernier
état » de la connaissance scientifique. Voir Zola et le
Dr Lucas, les impressionnistes et néo-impressionnistes,
et Chevreul, etc. D'où la croyance symétrique de nombreux critiques, que tel ou tel auteur moderne serait plus

« réaliste » que tel ou tel auteur ancien, car l'état des connaissances sur le réel s'est accru, etc. (Voir Lukacs par exemple, dans *la Signification présente du réalisme critique,* Paris, Gallimard, 1960, p. 180-181 et 178-179.)

7. Le texte réaliste se caractérisera donc par une forte redondance et prévisibilité des contenus. Par exemple, le personnage présuppose :

a) la description de sa sphère sociale d'activité (milieu socio-professionnel) ;

b) la description de son local d'activité (le prêtre sera décrit dans son église ; le charcutier dans sa charcuterie, etc.) ;

c) la description de son activité professionnelle elle-même (le charcutier sera décrit dans sa charcuterie fabriquant son boudin ; le prêtre dans son église disant la messe, etc.).

Ces actes, ces pseudo-fonctions sont toujours réductibles à une qualification permanente du personnage ; ils ne font que l'illustrer comme rôle social, et la tranche descriptive ne fait que décliner, déployer *in praesentia* le paradigme virtuel des actes professionnels ordonnancés du personnage, ou le paradigme virtuel des parties d'un tout, des objets présents dans un décor. Des scènes types viendront matérialiser cela, comme ces scènes, si fréquentes, d'aménagement ou de déménagement de lieux d'habitation, ainsi qu'une prédilection pour toutes les activités *ritualisées* de la vie quotidienne, celles où le temps est socialisé en *horaires,* et où l'espace est divisé en *postes* de travail ou « mondes » sociaux : banquets officiels, repas de famille, cérémonies religieuses ou civiles, emplois du temps fixes, etc., lieux ou moments où chaque chose est classée, a sa place, joue son rôle, est rangée, moments « articulés » ou endroits composés-composites et objets-systèmes comme la machine (faite de pièces), la maison (composée également de « pièces »

— et l'on sait que la maison bourgeoise est un lieu particulièrement saturé et redondant), le repas (et son « menu »), le magasin (et ses « articles » étiquetés et rangés), la ville (et ses « quartiers », ses monuments « classés » — et notons qu'aujourd'hui, curieusement, les urbanistes pensent leur discipline en termes de « lisibilité »), le corps (et ses « articulations »), la société (et ses « classes »), etc. La scène type extrême, celle où la fabulation narrative coïncide le plus avec le travail linguistique de la dénomination, c'est la scène d'*inventaire* : dans *Au bonheur des dames,* de Zola, tout un chapitre est consacré à l'inventaire (fait par les employés et tout le personnel, un jour spécial de fermeture) du magasin : il n'y a pas de meilleur procédé, évidemment, pour passer en revue tous les objets qui s'y trouvent. D'où la *métonymie* (Jakobson) comme figure obsédante et figure clé ; l'espace réaliste est un espace *emboîté* (cf. les croquis préparatoires de Zola pour ses romans) ou *arborescent* (l'arbre généalogique). Pour le discours réaliste, un objet (ou un personnage) sera donc essentiellement :

a) une somme d'occurrences énumérables (ses parties) ;

b) appartenant à un réseau endogène (tel meuble fait partie d'un décor plus vaste qui le contient) ;

c) ou exogène (l'énumération de son procédé de fabrication, de son mode d'emploi, de son mode d'entretien) [40].

En tant que discours *technologique,* il récupère donc une thématique généralement exclue (le travail, le corps), et l'on comprend alors les réticences qu'il provoque : vulgarité, prosaïsme, obscénité, illisibilité (voir Brunetière). Selon la formule de Barthes (*S/Z, op. cit.,* p. 88-89), le lisible ne serait toujours que le « dépli » (*explicare ;* nous retrouvons encore notre topologique des savoirs) d'un nom, le déploiement des paradigmes virtuels, des « constellations » (Saussure) latentes du langage. L'effet de réel n'est donc, bien souvent, que la reconnaissance euphorique par le lecteur d'un certain lexique. Il est donc normal de rencontrer chez quelqu'un comme Zola, pour ouvrir une suite de dénominations ou une « tranche » descriptive, une extraordinaire fréquence de verbes comme *expliquer* ou *nommer* :

> Silvère, qu'elle sentait frémir à son côté, se pencha alors à son oreille et lui nomma les divers contingents à mesure qu'ils se présentaient *(la Fortune des Rougon)*.

> Le jeune homme, enflammé du désir de le convaincre, se livrait davantage, lui expliquait le mécanisme du nouveau commerce... *(Au bonheur des dames)*.

> Nerveusement, enchanté d'avoir un sujet, il donnait des détails intarissables... *(id.)*.

> Il expliqua pourquoi, en phrases interrompues, coupées de continuelles incidentes... *(la Terre)*.

> ... alors, avec une clarté et une précision d'homme de finances employant les termes techniques d'un air d'aisance parfaite, il conta... *(Rome)*.

> Il s'oublia, il continua, étendant le bras pour montrer Paris à Angèle qui s'était également accoudée à son côté *(la Curée)*.

> ... il expliquait Plassans à l'abbé Faujas *(la Conquête de Plassans)*.

> ... il lui expliqua [...] il ne tarissait pas en détails *(le Ventre de Paris)*.

> ... le zingueur lui expliqua [...] indiquant du doigt les différentes pièces *(l'Assommoir)*.

> etc.

Voir aussi, dans *20 000 Lieues sous les mers,* le couple Ned Land/Conseil chargé de « l'explication » de la faune et de la flore sous-marines :

> Eh bien, ami Conseil, nommez-les donc, nommez-les
> donc ! disait Ned Land […] Nos interjections ne tarissaient
> pas, Ned nommait les poissons, Conseil les classait ; moi, je
> m'extasiais…

On retrouve là les traits principaux de tous les « genres descriptifs » (Riffaterre) : nomination, classification, prédication, exaltation (exultation), et ces explications sont toujours en même temps des *exploits (ex-plicitum,* au sens judiciaire de citation, de notification, d'assignation), nominations toujours assertives, et citations du réel à comparaître accompagnées de toute l'autorité d'un personnage garant (le narrateur ou le personnage-huissier).

8. A l'échelle globale du récit tout entier, on peut assister également à une concrétisation narrative (alibi) de la performation du discours : l'auteur déléguera l'ensemble de son texte à un personnage de narrateur, comme dans la plupart des nouvelles de Maupassant où un *contrat d'énonciation* (mandement + acceptation, du type : « Racontez-nous votre histoire ! — Soit ! Eh bien, voilà, etc. ») lance le récit ; même fonction aux *exergues* (« la vérité, l'âpre vérité » ; « le roman est un miroir qu'on promène le long des chemins », etc.), ou aux *préfaces* vraisemblabilisantes où un témoin intervient pour garantir l'authenticité du manuscrit ou de la correspondance qu'il publie, ou à ces embrayages progressifs par le regard ou la parole d'un témoin (le « voyageur » au début du *Rouge et le Noir,* le « nous » au début de *Madame Bovary,* etc.). Dans tous ces cas, il s'agit d'authentifier un acte de parole, de justifier un contenu en en garantissant l'origine : l'éditeur était l'*ami* de l'auteur qui lui a confié le manuscrit ; le narrateur raconte une histoire qui *lui est arrivée ;* le narrateur raconte un événement auquel il a assisté *dans sa profession ;* l'éditeur, *qui a souffert des passions identiques,*

publie un manuscrit dont il garantit donc la véracité, etc.

D'où l'importance des *incipits* du discours réaliste, pour définir d'emblée, pour le lecteur, un horizon d'attente réaliste, pour créer aussi vite que possible un effet de réel, un indicateur de « genre » ; on a vu plus haut le goût des titres faits de noms propres prosaïques ; préfaces, exergues, titres de chapitres, début du texte s'efforceront de créer ce qui manque le plus au discours réaliste, la médiatisation par un « genre » [41].

9. Le discours réaliste, comme le discours pédagogique, refusera en général la référence au procès de l'énonciation pour tendre à une écriture « transparente » monopolisée par la seule transmission d'une information. Cela aboutira à ce que l'on pourrait appeler une *détonalisation* du message, c'est-à-dire à l'absence de participation symétrique et de l'auteur et du lecteur. Certes, l'auteur doit intervenir subrepticement, on l'a vu, et de manière oblique, soit comme *organisateur* de la syntagmatique de son message (et il opère alors en multipliant anaphores et cataphores), soit comme *authentificateur* de son information (et il opère alors par la citation et la circulation du savoir), cela pour assurer à la fois la crédibilité et la cohésion interne de son message ; de même le lecteur doit participer à l'intention référentielle de l'auteur et doit reconnaître au passage un certain nombre de signes indicateurs. Donc, d'un côté, le discours réaliste se présentera comme fortement *démodalisé* et assertif (pas de guillemets, d'italiques, de procédés d'emphase, d'emplois hypocoristiques ; pas de verbes, de locutions ou d'adverbes comme : peut-être, probablement, quelque, une sorte de, sembler, pour ainsi dire, on dirait que, un certain, on croirait, etc.). Ces modalisateurs, notons-le en passant, sont les marques privilégiées, au contraire, du discours de l'hésitation (le discours fantastique), du discours ironique

(voir les italiques stendhaliennes), du discours de l'horreur ou de la science-fiction (l'innommé et l'innommable ne peuvent être approchés que par l'approximation ou la périphrase modalisée). Évitant donc toute « distanciation » de ce type, le discours réaliste se présentera essentiellement comme un discours sérieux. Barthes (*S/Z*, p. 10) fait du *sérieux* la caractéristique majeure du texte lisible ; Auerbach, on l'a vu, également ; d'autres critiques aussi (par exemple H. Broch) [42]. D'où ce problème dérivé, mais important, qui se pose à l'auteur réaliste : comment être spirituel ? Le discours est pour ainsi dire « mis à plat », il tendra au monologue, à un monologue détaché de toute instance énonciante, détaché de toute origine, de toute mise en perspective, déshiérarchisé. D'où le « nappé » stylistique du discours réaliste, et le côté souvent *indécidable* de l'attribution de ses fragments d'énoncés et sociolectes juxtaposés (le style semi-direct en est la marque, le moyen et le symptôme privilégié). D'où une contradiction entre la volonté de présenter le texte comme un raboutage par collage, un patchwork linguistique de fragments de discours « copiés » dans la réalité (scènes des comices, expériences successives de Bouvard et Pécuchet), et la transformation du texte en un vaste monologue détonalisé, défocalisé, atopique, neutre.

D'un autre côté, la détonalisation du message aboutit à refuser aussi bien toute thématique euphorisante (description de lieux idylliques, scènes d'amour, scènes de famille touchantes, extases passionnelles, personnages d'enfants attendrissants, etc.) comme toute thématique dysphorisante (morts spectaculaires, lieux ténébreux, crises passionnelles, etc.). Cette thématique « romanesque », si elle apparaît, sera « mise à distance » dans un ailleurs textuel ; elle s'incarnera dans l'apparition ou la citation de tel ou tel ouvrage célèbre qui sera implicitement ou explicitement tourné en dérision : tel *Jocelyn* de Lamartine qui apparaît sur une table de

cuisine de *Pot-Bouille* de Zola, *Lucie de Lamermoor* à
Rouen dans *Madame Bovary*. Le discours réaliste, ne
pouvant, on l'a vu, se situer par rapport à un *genre*
historiquement défini et institué (du moins avant le XIXe
siècle), se situe et se définit en intégrant ce qu'il estime
être ses contraires « littéraires » et en les niant ou en les
ridiculisant. Telle est la fonction de la *citation* (réalisme
textuel I) d'un ouvrage, ou d'un personnage parlant
comme tel ouvrage ; mais on voit que cette citation, cette
répétition, peut mener droit à la parodie, au jeu intertextuel, et venir alors ébranler le *sérieux* du texte réaliste
en accentuant la relation texte-autres textes aux dépens
d'une relation texte-référent. Encore un problème
crucial de compatibilité à résoudre pour l'auteur
« réaliste ».

10. Ce nivellement tonal du texte pose un problème
crucial à l'auteur réaliste, c'est celui du *héros*. Zola
aimait à dire que le roman naturaliste « fatalement tue le
héros ». Nous prenons ici ce terme dans son sens étroit
de « personnage principal », et non dans son sens large
de « personnage ». On sait comment le définit Tomachevski :

> Le rapport émotionnel envers le héros (sympathie-
> antipathie) est développé à partir d'une base morale. Les
> types positifs et négatifs sont un élément nécessaire à la
> construction de la fable [...]. Le personnage qui reçoit la
> teinte émotionnelle la plus vive et la plus marquée, s'ap-
> pelle le héros [43].

Le héros est donc un élément important de la *lisibilité*
d'un récit, et son identification ne doit pas faire de doute
pour le lecteur ; toute une série de procédés, *qualitatifs*
(par exemple, le héros reçoit un nom, un prénom, un
surnom, les qualités morales ou psychologiques valorisées par la culture, etc.), *quantitatifs* (c'est celui qui
apparaît le plus fréquemment), ou *fonctionnels* (c'est lui

qui reçoit les adjuvants, liquide le manque initial, fait fonction d'actant-sujet, etc.) viennent, en général, le souligner. Dans la mesure où il « grille », hiérarchise le système interne des valeurs de *tous* les personnages du récit, et organise l'espace idéologique du récit, il l'embraye sur l'extratextuel culturel commun à l'auteur et au lecteur, et par là constitue un facteur important de désambiguïsation. Notons que cette désambiguïsation peut être, sur le mode explicite, signifiée par toute une série de paraphrases intérieures au texte, qui viendront présenter les éléments du récit dans leur fonctionnalité et leur hiérarchie de valeurs effectives : le traître sera appelé *traître,* le héros *héros,* telle épreuve *victoire* ou *défaite :* on trouvera là, certainement, un personnage type que l'on retrouvera souvent, celui du « lucide » ou du « franc » (celui qui dit : un tel ira loin, un tel est un traître, un tel un grand homme, celui qui appelle un chat un chat, etc.). Le héros pourrait alors fonctionner comme ces fameux « embrayeurs d'isotopies », figures mystérieuses dont le statut reste à fixer, et qui serviraient à réduire le « pluriel » du texte, le jeu infini des lectures possibles, bref, à en faire un « monologue » (les *stances* n'étaient-elles pas réservées au *héros* dans le théâtre classique ?) [44]. On peut donc dire que le texte lisible est un texte non seulement anthropomorphique (il refusera par exemple l'allégorie, l'animation des objets, etc.), mais anthropocentrique. Il est centré non seulement dans et par les descriptions (le regard du héros les prendra en charge et les organisera par des : à gauche, à droite, devant, au loin, au-dessus, etc., de moi-héros-regardant), mais émotionnellement et idéologiquement. Il équivaut donc exactement au *point de fuite* du tableau illusionniste et scénographique inventé par la Renaissance.

Mais si l'auteur réaliste met trop l'accent, différentiellement, sur un personnage héros, le risque est grand de provoquer aussi une « déflation » de l'illusion réaliste et

de réintroduire le romanesque, l'héroïque et le merveilleux comme *genres.* Plusieurs procédés sont à la disposition de l'auteur réaliste pour niveler son texte, le
« défocaliser », comme par exemple le procédé qui
consiste à varier perpétuellement le point de vue (romans par lettres, etc.), ou bien à ne pas confier à un seul
et même personnage les postes actantiels et les qualifica-
tions valorisées [45]. Ainsi, à la différence du conte merveilleux, il ne cumulera pas les rôles de sujet et de
bénéficiaire, et l'auteur en fera par exemple un *objet,* ou
un sujet *virtuel* n'accédant jamais au statut de sujet *réel*
(et glorifié), ou un bénéficiaire de valeurs négatives (il
recevra des maladies, des coups, de fausses informa-
tions, etc. — voir le « roman de l'échec » au XIXe siècle).
D'où les problèmes, parfois, que se posent les critiques :
quel est le héros de *Pot-Bouille ?* Mais ce qui vaut pour
le héros vaut aussi pour le personnage (au sens large :
tous les *acteurs,* tous les participants, même très épiso-
diques) du récit réaliste : une certaine disparition qualitative et fonctionnelle. On l'a vu, il est réduit au rôle
d'*ouvreur* de description (créée par le regard par exemple) ou de tranche de savoir (communication d'un
renseignement, support d'une paraphrase explicative,
etc.). Il est intéressant de voir cela noté par Jakobson à
propos d'une prose « métonymique », celle de Pasternak :

> Le héros est difficile à découvrir : il se décompose en une
> série d'éléments et d'accessoires, il est remplacé par la
> chaîne de ses propres états objectivés et des objets, animés
> ou inanimés, qui l'environnent [...] Montre-moi où tu vis, je
> te dirai qui tu es. On nous présente les moyens d'existence
> du héros, ce héros aux contours métonymiques, morcelé
> par des synecdoques qui isolent ses qualités, ses réactions,
> ses états d'âme [...] l'action disparaît derrière la topogra-
> phie [...] L'*agent* est exclu de la thématique [46].

Nous pouvons sans doute généraliser cela en l'appliquant à tous les personnages du discours réaliste : l'auteur les oublie, ils « s'oublient », ils sont « pensifs », et cela est la conséquence du programme descriptif qui les fait s'effacer derrière la fiche, l'énumération descriptive, ou la suite de dénominations ou d'actions qu'ils sont simplement chargés d'introduire et de garantir [47]. D'où le discontinu de leur vie affective ou physiologique, faite souvent d'une alternance de moments de santé et de maladies, de dilatations euphoriques et de repliements dysphoriques, parallèle aux modes de déplacement du personnage, à la complexité (monde ouvert, foisonnant, discontinu) ou à la simplicité (monde simple, clos) du milieu qu'il traverse : « dilatation » d'Emma Bovary devant le large panorama de Rouen, « asphyxie » des héros zoliens dans les lieux clos, etc. C'est le texte, l'ampleur de la description, qui dicte souvent au personnage son euphorie ou son malaise, son succès ou son échec. Là aussi, souvent, des problèmes de compatibilité (entre la *permanence* actantielle que réclame le récit lisible, et l'inconsistance et la variabilité des acteurs).

11. Le discours réaliste se caractérisera aussi, vraisemblablement, par un effort (utopique) vers la *monosémie* des termes et des unités manipulées par le récit. Cela à plusieurs niveaux, et dans le but de réduire l'ambiguïté du texte. D'où le refus du jeu de mots (autrement que mis dans la bouche de tel personnage *nommément* désigné comme *spirituel*), et de la confusion littéral/ métaphorique ; d'où le goût pour ce système sémiologique bien particulier que constituent les nombres (ordinaux et cardinaux) et les vocabulaires techniques morphologiquement « transparents » [48] ; comme tout type de discours, le discours réaliste peut sans doute se laisser caractériser par les discours qu'il mime, en l'occurrence ici les discours du *savoir,* le discours scientifique (chiffres, symboles, diagrammes), le discours technologique (suite orientée d'actions programmées), et le discours

historique (noms propres, citations) ; d'où les références fréquentes à l'« observateur instruit » ou à l'*historien* comme garants types (chez Balzac, par exemple). Ce mimétisme du discours scientifique est souvent perceptible dans les *titres* ou *sous-titres* des ouvrages (histoire, chronique, physiologie, morphologie, etc.), qui s'efforcent ainsi, une fois de plus, de se dissimuler comme discours poétique (où les seules catégories pertinentes sont celles du lisible ou de l'illisible — ou du scriptible, pour suivre Barthes) pour s'intégrer à des discours où les catégories pertinentes sont celles du vrai et du faux, du reproductible et du non-reproductible, du vérifiable ou du non-vérifiable. D'où des textes comme *la Modification,* qui mime l'« opérable », l'énoncé pratique, la recette de cuisine, dont il ne se distingue pas formellement (« vous prenez un poulet, vous le découpez, vous faites revenir les morceaux, etc. »), ou certains textes du « roman expérimental » naturaliste (roman = expérience). Ce mirage de la reproductibilité et de la vérifiabilité pourra se manifester dans le texte même par la répétition de certains actes des personnages (qui serviront à venir « prouver » tel ou tel indice caractériel ou psychologique), par la *lucidité* de certains personnages (qui, comme l'homme de science, peuvent « prédire » tel ou tel développement, etc.). On retrouvera là le trait fondamental des réalismes socialistes, leur volonté précisément d'être *opérables,* de provoquer l'action, de susciter l'action en présentant des modèles *(exempla)* à la fois technologiques, moraux et politiques, en décrivant par exemple l'action de « héros positifs », donc de réembrayer le récit sur une pragmatique [49].

12. Au niveau des personnages, le discours réaliste, toujours à la recherche de la transparence et de la circulation des savoirs, s'efforcera de faire tendre vers zéro la distorsion entre l'*être* et le *paraître* des objets ou des personnages, le premier étant révélé par le second

(multiplication des signes, des symptômes, physiogno-
monies diverses, etc.), ou bien le second existant sans le
premier, et à ce moment-là choses et objets n'existent
que dans et par leur paraître, leurs apparences (tendance
« impressionniste », trompe-l'œil architectural, etc.). Il
évitera donc les choses ou les personnages qui existent
sans apparaître (êtres invisibles, êtres mystérieux, forces
occultes, trésors cachés), ou bien les choses et les
personnages où l'être ne coïncide pas avec le paraître :
personnages faux, personnages ambigus sexuellement,
personnages hypocrites, personnages d'homosexuels, de
castrats, personnages doués d'ubiquité ; cela exclura
donc aussi les scènes de reconnaissance, les révélations
brutales de traits psychologiques, etc. En termes logiques, on pourrait poser que le texte réaliste évitera les
pôles neutres (ni... ni...) ou complexes (et... et...) des
schémas logiques, termes au contraire fortement utilisés
par le discours fantastique, pour privilégier un « diaïré-
tisme » (G. Durand) fondé sur les contraires et les
contradictoires. Lévi-Strauss reconnaît explicitement à
certains personnages types (*tricksters,* Ashboy, Cendril-
lon, Renard...) un caractère « ambigu et équivoque »,
du fait qu'ils incarnent des « dualités », des « média-
tions ». Dans la mesure où ils posent alors des problèmes
de *lisibilité,* ils seraient exclus du discours réaliste ; ou
bien ce discours doit, pour les intégrer, développer un
système de paraphrase explicative, ou un système compensatoire d'information parallèle — par exemple en les
confrontant avec le personnage type du *lucide* ou du
lecteur de signes et de symptômes qui les éliminent
progressivement (on sait l'importance du concept de
médiation chez R. Girard, par exemple). Notons que,
quand une « mixité » est invoquée, c'est souvent non
pour introduire une ambiguïté ou pour mener un récit
« déceptif », mais pour mettre en scène des lieux (ou des
personnages) intermédiaires chargés de faire circuler
l'information ou les personnages d'un lieu à un autre, ou

de réconcilier des salons antagonistes ou des bandes
rivales ; leur mixité ne sert alors qu'à rendre vraisembla-
bles des déplacements, donc à justifier une multiplicité
de *présentations,* de *commérages,* de *descriptions,* une
garantie de « passage en revue » exhaustif (deux citations, prises chez Balzac, dans *la Vieille Fille*) :

> ... ces deux autres salons communiquaient au moyen de
> quelques personnages mixtes avec la maison Cormon, et
> vice-versa ; [...] ce salon mixte où se rencontraient la petite
> noblesse à poste fixe, le clergé, la magistrature, exerce une
> grande influence.

Le *salon* est donc le pendant exact du *lieu élevé
d'observation,* comme l'a bien vu J.-P. Richard (*Proust
et le Monde sensible,* Paris, Seuil, 1974, p. 192), l'un
étant « unificateur panoramique », l'autre « unificateur
cybernétique ». D'où la fréquence des *fenêtres de salon,*
lieu stratégique privilégié (intérieur/extérieur). Topologique des savoirs et topographie mondaine se recou-
vrent. Inévitablement, nous retrouverons notre personnage du médecin, être mobile par excellence (savant
pénétrant dans toutes les maisons, reçu dans tous les
salons), ou son double vulgaire (qui acquiert du savoir
petit à petit), le picaro, chassé de toutes les maisons.

En corollaire, on peut prévoir l'apparition de personnages « simples » *(Un cœur simple),* « non compliqués »,
volubiles et vantards, les personnages de parvenus [50],
etc. D'où cette figure privilégiée que nous retrouvons
(voir note 1), celle de la *maison de verre :*

> ... cette maison [était] de verre comme toutes les maisons
> de province (Balzac, *la Vieille Fille*).

> ... lui rêvait d'embrasser ses maîtresses dans des maisons
> de verre (Zola, *les Mystères de Marseille,* à propos d'un
> parvenu).

> ... au travers des glaces si larges et si claires qu'elles

semblaient [...] mises là pour étaler au-dehors le faste intérieur (Zola, *la Curée,* à propos de l'hôtel particulier du parvenu Saccard).

L'auteur réaliste est hanté par le mythe d'Asmodée : soulever les toits, voir à travers, « déshabiller », décrypter, percer à jour, etc. Rappelons que c'est une habitude de certains peintres « réalistes » (David...) de peindre d'abord leurs personnages *nus,* avant de les peindre ensuite, dans le tableau définitif, *habillés,* et de travailler en atelier sur des « écorchés ». Il s'agit bien, là encore, de connaître avant de peindre. Les métaphores de l'« alcôve », de la « coulisse » (Zola), du « mécanisme » social à démonter, des « rouages » à décrire, des signes, des symptômes, des fissures à lire (Balzac), des « ressorts » à mettre au jour apparaîtront naturellement, ainsi qu'un intérêt certain pour la description des mécanismes sociaux et économiques (le sous-jacent du *travail*) et la mise au jour des mécanismes inconscients (le sous-jacent du *corps*) : « Le réalisme est essentiellement une référence à une intimité et la psychologie de l'intimité une référence à une réalité » (Bachelard, *la Formation de l'esprit scientifique, op. cit.,* p. 98). Voir aussi, chez Flaubert, la fonction « exposante » (« peindre le dessous et le dessus ») de la littérature, et Brecht : « Réaliste veut dire : qui dévoile la causalité complexe des rapports sociaux » (*Sur le réalisme, op. cit.,* p. 117).

On aurait donc deux tendances complémentaires (contradictoires ?) du discours réaliste ; la première, que l'on pourrait appeler *horizontale* (dérouler les paradigmes lexicaux et technologiques, faire l'inventaire des champs anthropologiques proposés par le réel et des champs lexicaux proposés par la langue, et renvoyant à une « compétence lexicale » commune à l'auteur et au lecteur), aboutissant à une esthétique du discontinu et du non-récit ; la seconde, *verticale* (décrypter, chercher et lire les signes de l'être intime, « vrai » et profond), aboutissant à une esthétique de l'unité, réintroduisant le récit comme quête de savoir, et rétablissant une relation de type pédagogique (l'auteur transmet une information à un lecteur non ou moins informé). Il y aurait donc deux statuts différents donnés au fameux « détail » : le détail, d'une part, est la partie (microscopique et défonctionnalisée narrativement) d'un tout ; d'autre part, le détail est indice, symptôme permettant sens et interprétation. Voir, dans la préface de *Pierre et Jean* (1887), l'opposition que fait Maupassant entre « roman d'analyse » (qui *explique* tout) et « roman objectif » (qui nous présente la vie « telle quelle »).

13. Le texte réaliste est un texte « pressé », caractérisé par ce que l'on pourrait appeler sa *sémantisation accélérée,* par un raccourcissement maximal du trajet et de la distance entre les noyaux fonctionnels de la narration. Si tout récit, en effet, peut se définir sommairement comme une dialectique de classes logiques complémentaires, dialectique ordonnancée qui règle à la fois la conservation du sens et sa transformation, l'auteur peut donc en principe jouer sur la disjonction textuelle de ces classes complémentaires, en éloignant au maximum :

question	et	réponse
position du paraître	et	position de l'être
position du virtuel	et	actualisation du virtuel
indéterminé	et	déterminé
position d'un programme	et	réalisation du programme
mandement	et	acceptation
départ	et	retour
cause	et	effet
dénomination d'un objet ou d'un personnage	et	description de l'objet ou du personnage
manque	et	liquidation du manque, etc.

Cela pour introduire dans le récit des « leurres », des « retards », des distorsions, des attentes [51], etc. Le discours réaliste refusera cela : l'apparition d'un personnage nouveau, manifesté par l'apparition d'un nom propre (c'est-à-dire d'un « asémantème » — Guillaume), sera suivie aussitôt de l'information à laquelle il renverra dans la suite du texte : biographie, description physique ou psychologique, acte caractéristique, programme d'action ; le projet sera suivi de sa réalisation ; l'apparition d'un forgeron, de la description de la forge et du forgeron forgeant, etc. D'où un certain aplatissement du texte dans sa hâte à suivre les voies d'attente frayées par l'apparition de toute indétermination nouvelle. On pourrait donc dire que le discours réaliste a horreur du vide informatif, et qu'il refusera les procédés dilatoires en général : rien de plus étranger au discours réaliste que toute intrigue « à suspense », ou « déceptive », que toute disposition structurale « en partition », « en tresse », etc., et que toute structure à « ellipses » qui sauterait un maillon nécessaire à la cohésion logique globale du discours.

14. Sur un plan sémantique plus général, on peut se demander si la nécessité de passer en revue les deux termes de chaque opposition logique ne crée pas un système narratif particulier (et très élémentaire) de type cyclothymique : alternance de hauts et de bas, un échec après une victoire, une naissance après une mort, un enrichissement après un appauvrissement, etc., qui laisse d'ailleurs transparaître une éthique volontiers statique — éternel retour au *statu quo,* balance « objective » entre le bien et le mal (voir la fin de *Pot-Bouille :* « Alors, Octave eut une singulière sensation de recommencement [...] aujourd'hui répétait hier, il n'y avait ni arrêt ni dénouement, etc. » D'où l'absence de « nœud », une intrigue souvent amorphe, des fins de chapitre ou de

récits en « mineure », sans accent fort, sans paroxysmes, intrigue scandée (plutôt qu'organisée) par le procédé élémentaire de la *conjonction* (rencontres, réunions, rendez-vous, réceptions, arrivées, repas) ou de la *disjonction* (brouilles, séparations, départs) de personnages ou/et de lieux.

15. Dans le programme réaliste, le monde est descriptible, accessible à la dénomination. Par là, il s'oppose au monde du discours fantastique (l'innommable, l'indescriptible, le monstre...) ; ce programme se caractérise aussi par sa volonté d'exhaustivité (le discours fantastique est souvent, lui, partiel et parcimonieux), et le réel est alors envisagé comme un champ complexe et foisonnant, discontinu, « riche » et nombrable, dénommable, dont il s'agit de faire l'inventaire. On a déjà vu les conséquences de ce présupposé sur les *personnages*. Il est à prévoir que cette prise en considération du discret et du discontinu se traduira volontiers (réalisme II, symbolique) par une esthétique du discontinu et du juxtaposé : parataxes impressionnistes (*Paysages belges* de Verlaine), entassement d'adjectifs et de propositions relatives, alinéas flaubertiens, composition par « tableaux » (Diderot), par « tranches de vie », par « scènes », par descriptions, par « détails », par « lambeau d'existence » (Zola). On connaît la référence maniaque de très nombreux auteurs au « détail » (Zola : « J'ai l'hypertrophie du détail vrai »), au « petit fait vrai », à l'anecdote, au fait divers, à l'article *(articulus)* ou à la « coupure » de presse [52]. Nous avons déjà enregistré (voir ci-dessus, § 7) la prédilection du discours réaliste pour les temps et les espaces « articulés », prédécoupés par l'usage, par le rituel, ou par le lexique. D'où l'émiettement synecdochique et souvent l'impression de « mosaïque » que l'on éprouve devant un texte réaliste. Mais, si le discours réaliste multiplie les descriptions, la description n'est certainement pas propre au

discours réaliste. Nous avons essayé ailleurs [53] de classer quelques grands types de systèmes descriptifs, et de poser quelques problèmes que l'on peut reformuler ici succinctement :

a) La description occupe-t-elle des *places* privilégiées dans le discours réaliste, différentes, par exemple, des places qu'elle peut occuper dans le discours fantastique ? C'est le problème de sa distribution (aléatoire ou non) et de sa fonction (spécifique ou non). Dans la mesure où le texte réaliste est un texte pressé et qui se veut lisible, la description aura probablement tendance à y assumer un rôle d'opérateur de lisibilité, à *encadrer* l'énoncé proprement narratif, assurant ainsi la concaténation logique, souvent syllogistique, de l'énoncé (le *post hoc ergo propter hoc*). Par cette distribution, le discours réaliste se rapproche encore de l'énoncé proprement technologique, généralement encadré lui aussi entre deux descriptions : « Vous prenez un poulet, jeune et dodu (suit une brève description du poulet adéquat) → vous découpez → vous faites revenir → vous faites une sauce → vous salez… (suite programmée d'énoncés narratifs) → vous obtenez (suit la description finale, avec photo souvent, du plat terminé prêt à être servi). » On peut risquer l'homologie syntaxe/récit suivante, qui définirait une cellule type du récit réaliste-lisible (imparfait : passé simple :: description : narration :: cause : conséquence) :

la nuit était tombée, sombre, le vent soufflait…	→	Pierre ferma les volets	→	la cuisine était agréable, tiède…
dépliement d'un paradigme *lexical* prévisible (nuit, lune, étoiles, vent, nuages…)		dépliement d'un syntagme *narratif* prévisible (fermer, allumer un feu, faire le repas, s'asseoir, manger…)		dépliement d'un paradigme *lexical* prévisible (table, chaises, poutres, cheminée, lampe…)

1. Énoncé descrip- →	2. Énoncé narratif →	3. Énoncé descrip-
tif cause (ouverture	conséquence de 1	tif conséquence de 2
d'une transforma-	(transformation)	(transformation ac-
tion virtuelle)		tualisée de 1)

b) La description réaliste comporte-t-elle des *signes démarcatifs,* initiaux et terminaux, spécifiques ? Nous avons enregistré une thématique « vide » récurrente (le regard, la fenêtre ouverte, la porte ouverte, la lampe qu'on allume, la montée à un lieu élevé, etc.) qui *encadre* la description (ouverture de fenêtre ou de porte → fermeture de la fenêtre ou de la porte ; montée → descente ; lampe allumée → lampe éteinte) ; la description comblera donc un intervalle entre deux pseudofonctions (ouvrir/fermer, lever les yeux/baisser les yeux, monter/descendre, etc.) qui n'ont aucun rôle narratif. D'où cette extraordinaire concaténation du discours réaliste : l'énoncé narratif est encadré d'énoncés descriptifs corrélés qui le justifient comme unité de transformation, et l'énoncé descriptif est lui-même encadré de deux (pseudo-)énoncés narratifs corrélés qui le vraisemblabilisent.

c) La description réaliste a-t-elle un *mode de fonctionnement intérieur* spécifique ? Il faudrait étudier de près les « dépliements types » de la lisibilité : ouverture de la description par un terme pivot générique, un « pantonyme », obligatoirement présent (la dénomination du tout précède celle des parties, au contraire de la devinette) ; filtres stéréotypés de la grille des cinq sens ou des cadres topographiques (devant, derrière...) ; anagrammisation du terme pivot tout au long de la description ; paraphrase des termes illisibles par des termes lisibles ; utilisation systématique de certaines figures destinées à redoubler l'information véhiculée, comme les comparaisons où comparant et comparé sont choisis pour renforcer l'isotopie de la description par leur contiguïté (par exemple dans la célèbre description de Rouen dans *Madame Bovary* où Flaubert compare les *îles* à des *poissons*), etc. La reconnaissance, au préalable, de la *description* comme unité sémiotique générale, comme matrice stéréotypée réglementant le jeu des signifiants, facilitera certainement la définition d'une description spécifiquement réaliste, à côté d'autres sous-types (description fantastique...) qui réglementent autrement, selon d'autres stratégies, la circulation sémantique à l'intérieur des « cases » du système descripif.

d) La description réaliste entretient-elle avec le reste de l'énoncé un mode de relation sémantique spécifique ? Dans la mesure où les présupposés réalistes de l'auteur enferment ce dernier dans des oppositions : *sujet/monde, référent/signe, signifiant/signifié, personnage/milieu,* etc., cela lui impose aussi une thématique obligée : non seulement la *fenêtre,* ou l'*œil* (passage du sujet au monde), l'*explication* (passage du signe au référent), la motivation (passage du signifiant au signifié), mais aussi le *besoin* (passage orienté : personnage → milieu) et son symétrique, l'*influence* (passage orienté : milieu → personnage). La description ne sera donc souvent que la mise en scène d'un *actant collectif,* souvent doté soit du statut actantiel d'*objet* (objet d'un « besoin », d'un « désir », d'un « appétit », etc.), soit de celui de *destinateur* — c'est-à-dire du même statut actantiel que le sujet pédagogique de l'énonciation : tel décor, tel milieu, tel objet, transmettra un certain nombre de valeurs au personnage, proposera un programme à son action, le conseillera, lui « parlera à l'oreille », l'influencera, lui « rappellera » quelque chose, etc. On retrouverait certainement là notre topologie des savoirs, qui, ici, impose bon gré mal gré à l'auteur une vision « sociologique » (influence du milieu, etc.), ainsi que, curieusement, deux sens voisins du mot *motivation* : le sens usuel dans le premier cas (tel personnage est *motivé* par tel besoin de posséder, de transformer ou de consommer le monde), le sens symbolique-sémiotique dans le second (telle description, par exemple le *topos* du *locus amœnus*, sert de signifiant « motivé » à un personnage dans une situation d'euphorie). D'où la circularité et la redondance de ce discours, le monde inspirant au personnage des désirs qui s'incarnent dans les objets du monde, et l'objet redoublant la « psychologie » du personnage.

Concluons rapidement : on aura quelque peine, à partir de l'ensemble non clos, non hiérarchisé, et assez hétéroclite de critères généraux énoncés ci-dessus, à bâtir un *type* particulier de discours « réaliste ». Les conditions d'exhaustivité et de simplicité ne sont sans doute pas remplies et les critères retenus ne sont probablement ni nécessaires ni suffisants. Les exemples choisis, on l'a certainement remarqué, ne se sont guère écartés de l'*école* réaliste du XIXᵉ siècle, ce qui fait que l'ambiguïté que nous avons signalée au départ n'est pas levée. Il s'agissait ici de r/ouvrir un dossier, fermé par un certain terrorisme de la *textualité sémiotique,* plutôt que d'apporter des révélations définitives. De plus, enregistrer une unité (telle séquence type, tel personnage type, etc.) ne permet en rien de préjuger sa fonctionnalité, celle-ci ne pouvant être définie que par la prise en considération du contexte textuel dans lequel elle est insérée. D'autre part, il faut se rappeler qu'un énoncé n'est jamais *homogène,* qu'il s'agit là d'un type théorique *construit,* et qu'il serait par conséquent vain d'en chercher une occurrence exemplaire. En définitive, c'est peut-être par ses contradictions spécifiques que se caractériserait le mieux le discours réaliste, contradictions entre les présupposés de départ formant un « cahier des charges » particulièrement lourd, projet anthropologique et pédagogique (utopie de la langue-nomenclature, du message transparent, etc.), et la méconnaissance des contraintes propres du texte et de son écriture. Nous en avons relevé, au passage, certaines :

usage de dénominations techniques (vocabulaire monosémique)	MAIS	problème de leur lisibilité
information immédiate (récit « pressé »)	MAIS	retards perpétuels dans le récit, du fait de la multiplication des parenthèses descriptives
la répétition (de langages, de clichés, d'idiolectes, de jargons…)	MAIS	danger du texte s'autocitant, intertextualité, ironie (d'où réinvestissement d'une énonciation)
savoir de l'auteur	MAIS	savoir du personnage à rendre vraisemblable
multiplication des personnages fonctionnaires pour introduire et garantir des tranches de savoir (biographies, descriptions, renseignements)	MAIS	« émiettement » psychologique, « oubli » du personnage qui n'a plus aucun rôle narratif, disparition du héros
redondance, prévisibilité, saturation sémantique, lisibilité, anaphores	MAIS	comment placer le « détail » hors sens qui provoque l'« effet de réel » ?
le style comme élément de cohésion, de « continuité » (Flaubert) et comme « savoir-faire » de l'auteur	MAIS	le texte comme « mosaïque linguistique » de jargons, d'argots techniques, d'idiomes, effacement du style de l'auteur
savoir linguistique (la description déplie le paradigme stéréotypé et attendu de la série lexicale) ; ce savoir est commun au lecteur et à l'auteur	MAIS	savoir « herméneutique » (dévoiler l'*être* réel et intime du monde) ; ce savoir n'est pas commun à l'auteur et au lecteur et définit une relation pédagogique
discontinu du découpage et de la dénomination	MAIS	perte d'une cohérence globale réclamée par le présupposé pédagogique

etc.

Les structures internes du discours réaliste sont déductibles des contradictions mêmes de son cahier des charges. A l'auteur de résoudre, à sa manière, ces contradictions, en développant des *systèmes compensatoires* adéquats ; les divers *savoirs* qui circulent devront être « mis en phase », le personnage du technicien viendra « expliquer » le sens de tel ou tel terme technique illisible, le personnage mobile et la circularité des comparaisons viendront compenser le discontinu synecdochique, l'ami d'enfance viendra « dévoiler » le mystère d'une biographie, etc. Par là on sent les pressions qui s'exercent sur le discours réaliste, discours plus contraint qu'il n'en a l'air.

NOTES

1. L'ouvrage principal consacré à la question reste, bien sûr, celui d'E. Auerbach, *Mimesis. La représentation de la réalité dans la littérature occidentale,* 1946 (trad. fr., Paris, Gallimard, 1968). Voir aussi, de G. Bachelard, « L'obstacle substantialiste » et « Psychanalyse du réaliste », dans *la Formation de l'esprit scientifique*, Paris, Vrin, 1947, ainsi que G. Durand, *Les Structures anthropologiques de l'imaginaire*, Paris, Bordas, 1969, 3ᵉ éd. G.D. y oppose un *régime diurne* et un *régime nocturne* de l'imaginaire, le premier s'identifiant sans difficulté, semble-t-il, avec l'attitude réaliste par ces traits définitoires stylistiques, formels ou thématiques : visualité, rationalité, verticalité, diairétisme, tendance schizoïde, analycité, discontinuité, lumière, etc., qui en seraient les marques. Pour qui l'aborde indirectement, le fantasme réaliste se présente sous la forme d'un véritable « universel » rhétorique dans le discours métalinguistique, critique et philosophique, la métaphore de la « transparence » dont l'histoire, en tant que métaphore diachroniquement *filée*, reste à faire (transparence entre signifiant et signifié, entre le mot et la chose, entre la « forme » et le « fond », entre l'œuvre et ses présupposés, etc.). Voir par exemple Zola : « Je voulais […] une composition simple, une langue nette, quelque chose comme une maison de verre laissant voir les idées à l'intérieur […], les documents humains donnés dans leur nudité sévère » (« Les romanciers naturalistes », *Œuvres complètes*, Paris, Tchou, 1968, t. XI, p. 92). Prenant ses distances à l'égard de ce discours métaphorique, M. Foucault souligne « la grande utopie d'un langage parfaitement

transparent où les choses elles-mêmes seraient nommées sans brouillage, soit par un système totalement arbitraire, mais exactement réfléchi (langue artificielle), soit par un langage si naturel qu'il traduirait la pensée comme le visage quand il exprime une passion (c'est dans ce langage fait de signes immédiats que Rousseau a rêvé au premier des *Dialogues*) » (*Les Mots et les Choses*, Paris, Gallimard, 1966, p. 133) ; voir aussi J. Starobinski, *J.-J. Rousseau. La transparence et l'obstacle*, Paris, Gallimard, 1971, et notamment le chapitre intitulé « La transparence du cristal », p. 301 *sq.* ; dans notre article « Zola romancier de la transparence » (*Europe*, mai 1968), nous avons essayé de montrer comment cette métaphore se concrétisait en motifs romanesques précis et contraignants (la serre, l'air limpide, la vitrine, la fenêtre, le miroir, etc.) et devenait donc une métaphore transdiscursive, *marque* non seulement du métadiscours critique *sur* le réalisme (« miroir » stendhalien, « écran » zolien, « miroirs » de l'histoire, « spéculums » divers, etc.), mais aussi du récit réaliste lui-même.

2. Nous lisons par exemple sous la plume de Marmontel (article « Descriptif » de l'*Encyclopédie méthodique,* Paris, Panckoucke, 1782, 3 vol.) : « Ce qu'on appelle aujourd'hui en poésie le genre descriptif n'était pas connu des anciens. C'est une invention moderne, que n'approuvent guère, à ce qu'il me semble, ni la raison, ni le goût [...] ; dans le poème descriptif, nul ensemble, nul ordre, nulle correspondance ; il y a des beautés, je le crois, mais des beautés qui se détruisent par leur succession monotone ou leur discordant assemblage. » Ce problème de la *description* est un lieu *(topos)* privilégié et ambigu, où se polarisent méfiances et réticences, et qui peut se formuler ainsi : « Décrire n'est pas une fin en soi. » Zola éprouve le besoin de défendre ses descriptions dans des préfaces (*Une page d'amour*) ou dans des écrits théoriques ; Stendhal voulait les « sauter » ; Breton (*Nadja*) les remplacer par des photographies. Bally paraît fort embarrassé devant elles : « Il y a des expressions qu'on appelle pittoresques, sans qu'on puisse dire exactement ce que c'est que le pittoresque [...], ces expressions se laissent difficilement analyser. On les appelle souvent " descriptives " [...], on ne sait que dire [...], on ne sait quelle définition en donner » (*Traité de stylistique française,* Genève-Paris, 1951, 3ᵉ éd., t. I, p. 183-184). Sur le statut rhétorique, idéologique et épistémologique de cette notion de « descriptif », voir notre essai *Introduction à l'analyse du descriptif,* Paris, Hachette, 1981, et un numéro spécial de *Yale French Studies,* « Towards a theory of Description », 61, 1981.

3. Voir ces principaux textes réunis dans G. Lukacs, *Problèmes du réalisme,* trad. fr., Paris, L'Arche, 1975, et *Balzac et le Réalisme français,* Paris, Maspero, 1967, et dans B. Brecht, *Écrits sur la littérature et l'art,* t. II, *Sur le réalisme,* Paris, L'Arche, 1970.

4. Voir M. Foucault, *Les Mots et les Choses, op. cit.,* p. 15, et

J. Derrida, *La Dissémination,* Paris, Seuil, 1972, p. 211 *sq.* (notamment la note 8 de la p. 211).

5. « Le désir de " réalisme " conduit à chercher de plus en plus puissants moyens de *rendre.* Le rendu mène à la technique. La technique mène à la classification, à l'ordre. L'ordre mène au systématique, à l'exploration complète, à l'usage le plus étendu de tous les moyens, à leur liberté générale plus grande que toute chose réalisée. Et parti du reproduire exactement quelque fait, on arrive à une sorte de gymnastique qui comprend le " faux " et le " vrai " » (*Tel Quel,* in *Œuvres complètes,* Paris, Gallimard, 1960, t. II, p. 584). Et encore : « Le réaliste [...] cherche à obtenir le trompe-l'œil par l'excessif du " style ". Goncourt, Huysmans paraissent... Un langage extraordinaire est appelé à suggérer des objets ordinaires. Il les métamorphose. Un chapeau devient un monstre, que le héros réaliste, armé d'épithètes invincibles, chevauche, et fait bondir du réel dans l'épopée de l'aventure stylistique » (*Mauvaises Pensées et autres,* in *Œuvres, op. cit.,* p. 802). Peut-être Valéry songe-t-il ici à la casquette de Charbovari ? Voir aussi R. Barthes, dans *le Degré zéro de l'écriture* (Paris, Gonthier, 1965, p. 59) : « L'écriture réaliste est loin d'être neutre, elle est au contraire chargée des signes les plus spectaculaires de la fabrication » (R.B. songe ici au réalisme en tant qu'école historiquement localisée). Notons enfin que le terme de « gymnastique » est repris par M. Riffaterre : « On aura tout avantage à considérer les références au réel exclusivement comme une espèce de gymnastique verbale que le texte fait faire au lecteur » (« L'explication des faits littéraires », *La Production du texte,* Paris, Seuil, 1979).

6. Traduit dans *Théorie de la littérature. Textes des formalistes russes,* Paris, Seuil, 1966, p. 98-108, repris dans R.J., *Questions de poétique,* Paris, Seuil, 1973, p. 31-39.

7. *Art. cit.,* p. 104.

8. Dans *Théorie de la littérature, op. cit.,* p. 287.

9. Dans *Essais de linguistique générale,* Paris, Minuit, 1966, p. 62-63. Voir aussi p. 66 et p. 244, où Jakobson nous dit que « les structures métonymiques ont été moins explorées que le domaine de la métaphore [...], et la littérature réaliste, qui est intimement liée au principe métonymique, continue à défier l'interprétation, alors que la même méthodologie linguistique qui est utilisée par la poétique dans l'analyse du style métaphorique de la poésie romantique est entièrement applicable à la texture métonymique de la prose réaliste ». Notons cependant que les points *d* et *e* de Jakobson se trouvent repris et déblayés respectivement par deux articles importants : R. Barthes, « L'effet de réel », ici même, et G. Genette, « Vraisemblance et motivation », *Figures II,* Paris, Seuil, 1969 (tous deux originellement parus dans *Communications,* 11, 1968).

10. Par exemple dans son article (exemplaire, à nos yeux, quant à la

méthode de recherche de critères mise en œuvre) datant de 1934 sur la prose de Pasternak (cf. *Questions de poétique, op. cit.*). Cette hésitation semble perceptible chez d'autres chercheurs : nous songeons ici aux analyses de P. Francastel pour qui : 1° tout système de représentation et de figuration est un système culturel (donc variable selon les époques) ; 2° « l'utilisation de la partie pour le tout est une règle absolue de la figuration » (ce qui en ferait un invariant ; *Études de sociologie de l'art*, Paris, Denoël, 1970, p. 18).

11. *Essais de linguistique générale, op. cit.*, p. 214.

12. De nombreuses citations non ambiguës pourraient témoigner actuellement du refus de reprendre ce problème de la représentation en termes traditionnels, et de l'envisager soit dans l'optique « fonctionnelle et immanente » (Tynianov) d'une stylistique ou d'une sémiotique, soit dans celle d'une sociocritique textuelle : « Abandonnons le critère de conformité de la signification à la réalité, remplaçons-le par le critère de conformité aux mots » (M. Riffaterre, « Sémantique du poème », *La Production du texte, op. cit.*) ; « la réalité et l'auteur sont des succédanés du texte » (le même, « L'explication des faits littéraires », *ibid.*) ; « l'artiste réaliste ne place nullement la " réalité " à l'origine de son discours, mais seulement et toujours, si loin qu'on puisse remonter, un réel déjà écrit, un code prospectif, le long duquel on ne saisit jamais, à perte de vue, qu'une enfilade de copies » (Barthes, *S/Z*, Paris, Seuil, 1970, p. 173). « L'effet de réel est aussi, indissolublement, effet de texte et proposition idéologique. C'est-à-dire qu'au lieu d'un reflet du réel nous avons le réel d'un reflet, non point la " réalité ", mais une image mentale de la réalité surdéterminée par un code socioculturel, saturée de lieux communs, de stéréotypes, de connotations inertes » (Cl. Duchet, « Pour une sociocritique, ou variations sur un incipit », *Littérature*, 1, février 1971). Voir aussi « Impossible réalisme » de D. Saint-Jacques, in *Études littéraires III*, 1, avril 1970, Québec.

13. Pour une position précise de ces problèmes généraux, voir l'article important d'É. Benveniste, « Sémiologie de la langue », *Problèmes de linguistique générale II*, Paris, Gallimard, 1974.

14. Des textes comme « Le soleil se levant sur la littérature », ou bien les premières lignes de *Fable* (« Par le mot par commence donc ce texte […] ») de F. Ponge, ou le début de *Projet pour une révolution à New York* d'A. Robbe-Grillet fourniraient de bons exemples d'« auto-réalisme ». On peut déjà prévoir que le discours réaliste se complaira volontiers à copier les éléments langagiers de la réalité : bribes de conversations, stéréotypes, chansons, textes publicitaires, signes et pancartes de la rue, inscriptions diverses, enseignes de magasins, étiquettes de marchandises, etc. Mais la *citation*, la *répétition* peuvent être ambiguës : elles servent d'ancrage réaliste, mais débouchent facilement sur le jeu intertextuel et l'ironie, donc sur le texte comme *objet poétique construit* affichant sa construction

(voir S. Felman, « Illusion réaliste et répétition romanesque », *Change*, 16-17, septembre 1973).

15. Voir l'article de R. Jakobson, « A la recherche de l'essence du langage », dans l'ouvrage collectif *Problèmes du langage*, Paris, Gallimard, 1966, et T. Todorov, « Introduction à la symbolique », *Poétique*, 11, 1972.

16. T. Todorov, *Introduction à la littérature fantastique*, Paris, Seuil, 1970, notamment p. 80 *sq*. Voir aussi le n° 8 de *Littérature*. Il est certain qu'une typologie du discours réaliste ne peut se constituer que *dialectiquement*, par différence avec *d'autres types* de discours.

17. Pour une approche diachronique du problème, voir par exemple E. Gombrich, *L'Art et l'Illusion*, Paris, Gallimard, 1971, et E. Auerbach, *Mimesis. La représentation de la réalité dans la littérature occidentale*, *op. cit.* On connaît la méthode d'Auerbach : l'analyse scrupuleuse et fine, très spitzerienne par instants, très lukacsienne à d'autres, de textes très divers, et les résultats : une définition du texte réaliste comme texte : *a*) sérieux ; *b*) mêlant les registres stylistiques ; *c*) n'excluant la description d'aucune classe sociale ou d'aucun milieu ; *d*) soumis au procédé majeur de l'hypotaxe, définie, de façon très générale, comme l'ensemble des procédés de cohésion logico-sémantique du texte ; *e*) intégrant l'histoire des personnages dans le cours général de l'Histoire contemporaine (voir, par exemple, p. 487, une définition globale regroupant la plupart de ces traits distinctifs). Se pose alors le problème fondamental et bien connu de toute critique de type sociologique, celui que pose le point *e* d'Auerbach, le problème de l'*homologation* structurelle texte/référent : si l'on admet d'une part la réalité de l'existence de structures sociales, si l'on admet d'autre part la réalité de l'existence de structures textuelles, comment le texte réglemente-t-il l'économie et l'adéquation de ces deux types de structures ? S'il y a « homologation », on peut alors, peut-être, parler aussi de « réalisme », sous réserve, bien sûr, de disposer de procédures de vérification et de décrire le jeu des figures de médiation entre systèmes modelants primaires et secondaires. On peut dans ce cas mettre l'accent soit sur le texte comme « reflet », soit, plus subtilement, sur le texte comme ensemble « perforé ». Nous pensons ici à telle affirmation de C. Lévi-Strauss : « La syntaxe mythique n'est jamais entièrement libre dans la seule limite de ses règles. Elle subit aussi les contraintes de l'infrastructure géographique et techno-logique. Parmi toutes les opérations théoriquement possibles quand on les envisage du seul point de vue formel, certaines sont éliminées sans appel, et ces trous — creusés comme à l'emporte-pièce dans un tableau qui, sans cela, eût été régulier — y tracent en négatif les contours d'une structure dans une structure, et qu'il faut intégrer à l'autre pour obtenir le système réel des opérations » (*Mythologiques*, t. I, *Le Cru et le Cuit*, Paris, Plon, 1964, p. 251).

18. Dans « Modèles de la phrase littéraire », *La Production du texte*,

op. cit. Voir aussi « Sémantique du poème », « L'explication des faits littéraires » et « Le poème comme représentation », *ibid.* ; et « Système d'un genre descriptif », *Poétique,* 9, 1972. Relevons dans ce dernier article les lignes suivantes : « La représentation littéraire de la réalité est gouvernée par les *règles* de l'idiolecte *textuel* [...]. Elle dépend de trois réseaux sémantiques : dans la langue, rapports de mots avec les signifiés ; dans le texte, avec les autres signifiants ; dans le genre, avec la symbolique propre à ce genre [...] La mimesis du réel s'opère donc sous des *restrictions* qui *modifient* les règles du vraisemblable et *altèrent* les structures thématiques, sémantiques et stylistiques » (p. 15) (souligné par nous). Dans les directions ouvertes par Riffaterre, un point nous semble encore à explorer : existe-t-il un type de *récit* réaliste ? C'est-à-dire, le problème de savoir s'il existe des structures narratives, des personnages, des scènes, des situations — disons, pour simplifier, une thématique discursive — spécifiques du discours réaliste. Mais peut-être le récit est-il déjà, *par lui-même,* une instance produisant un « effet de réel », un « effet de vraisemblable » ? Nous renvoyons ici aux travaux de Francastel qui a montré que l'avènement d'un nouvel illusionnisme à la Renaissance est lié fortement à des montages de type narratif, c'est-à-dire plus à la construction d'une *cohérence* qu'à la copie d'un *référent* (voir *Études de sociologie de l'art, op. cit., passim*). Même remarques chez Gombrich (*L'Art et l'Illusion, op. cit.,* p. 170, 176, 182, 190, 192) qui, d'ailleurs, comme Auerbach, considère comme capitale l'influence des Évangiles (comme recueil de *récits*).

19. On peut ici rappeler un mot connu de Valéry : « *Vraisemblance et ressemblance.* Quelque chose me dit que ce buste de... Titus est d'une exacte ressemblance. J'appellerai sans doute *Vérité* cette coïncidence entre mon idée de Titus et ce marbre, moi qui jamais n'ai vu Titus, et ce marbre a été sculpté au XVIe siècle. Grand débat de jadis avec Marcel Schwob devant le *Descartes* de Hals : il le trouvait *ressemblant* — A qui ? lui disais-je » (*Tel Quel,* in *Œuvres complètes, op. cit.,* t. II, p. 622).

20. Voir V. Propp, *Morphologie du conte,* Paris, Seuil, 1970. Propp se borne à dire qu'elles « sautent aux yeux ».

21. Voir par exemple Benveniste, « Les niveaux de l'analyse linguistique », *Problèmes de linguistique générale,* Paris, Gallimard, 1966, p. 119 *sq.*

22. G. Genette, *Figures III,* Paris, Seuil, 1972, p. 186.

23. K. Stierle, « L'Histoire comme exemple, l'exemple comme Histoire », *Poétique,* 10, 1972, p. 189. Sur le problème particulièrement ardu des *présupposés,* on peut consulter les travaux d'O. Ducrot. Leur statut linguistique reste flou, mais la question est liée directement aux problèmes — fondamentaux pour le texte « réaliste » — de la *lisibilité* et de l'*embrayage* sur des situations concrètes de discours. Voir J.S. Searle, *Les Actes de langage* (Paris, Hermann, 1972, notamment p. 115 *sq.*), où l'auteur s'efforce de répondre à la question : « Quelles sont les conditions

nécessaires pour que l'énoncé d'une expression suffise à identifier pour l'auditeur un objet visé par le locuteur ? » (p. 216). Pour Searle, l'acte de référence est toujours un va-et-vient entre l'emploi : *a)* de déictiques : *b)* de noms propres : *c)* de descriptions. Les déictiques étant exclus *a priori* du *texte* réaliste en tant que communication différée (au sens propre, un texte écrit n'a pas de référence), il sera sans doute intéressant de voir quels *procédés compensatoires* il utilisera pour rétablir indirectement cette *deixis*. Mais il faudra distinguer aussi entre la *description* et le *nom propre* des logiciens et la *description* et le *nom propre* comme unités poétiques (à définir).

24. Jakobson parle « d'instance descriptive » dans son article sur la prose de Pasternak (*art. cit.*), P. Lejeune de « pacte référentiel » dans *le Pacte autobiographique,* Paris, Seuil, 1975.

25. Suivant ici Barthes (*S/Z, op. cit.*, p. 10 : « nous appelons classique tout texte lisible »), on pourrait peut-être risquer la chaîne d'équivalences : texte lisible $\simeq$ texte vraisemblable $\simeq$ texte classique $\simeq$ texte réaliste.

26. On retrouverait là l'un des rares emplois possibles (notre réalisme I), en termes stricts, du mot « réalisme » : un signe reprend un signe identique (ou équivalent) disjoint du même énoncé, le langage ne peut copier que du langage, le dire que du déjà dit (ou du à dire). Voir L. Lonzi, « Anaphore et récit », *Communications,* 16, 1970. Le texte réaliste se caractérisera donc sans doute comme un texte « saturé » ; d'où sa clôture rapide, sa forte concaténation, la forte prévisibilité de ses unités constituantes, son « faible pluriel » (Barthes). L'anaphore en serait la figure clé, figure d'une esthétique qui réduit le pluriel à l'univoque, la pluralité à l'unité (2 unités = 1 unité), le dialoguant au monologuant, le disjoint (fatalité de l'écrit linéairement étendu) au joint et au simultané (fantasme du « tableau », de l'*ut pictura poesis,* etc.).

27. Aragon, *Je n'ai jamais appris à écrire, ou les incipits,* Genève, Skira, 1969, p. 78. « L'espace et le temps figuratifs renvoient non aux structures de l'univers physiques, mais à celle de l'imaginaire. Les liens existant entre les éléments se mesurent en termes non d'exactitude, mais de cohérence » (Francastel, *Études de sociologie de l'art, op. cit.,* p. 118). Pour un inventaire méthodique, rattaché au modèle fonctionnel de Jakobson, des « postulats de communication normale » (déterminisme, non-contradiction, mémoire commune, similitude de pronostic, restrictions sélectives non perturbées, etc.), voir O. et I. Revzine, « Expérimentation sémiotique chez Eugène Ionesco », *Semiotica,* IV, 3, 1971. Sur la notion de cohérence, voir I. Bellert, « On a Condition of the Coherence of Texts », *Semiotica,* II, 4, 1970. Inversement, pour le psychanalyste, le « réel » est souvent identifiable à (par) un « défaut constitutif du fait structural », à une « rupture de bon ordre » (S. Leclaire).

28. Voir, chez Auerbach, le concept fondamental de la *figura,* très proche du concept plus général d'*anaphore* (mode de liaison explicite entre deux segments disjoints d'un énoncé) ; Auerbach en fait une caractéristique importante du réalisme : « La structure figurative conserve à ses deux pôles — la figure et son accomplissement — les caractères concrets de la réalité historique, à l'inverse de ce qui se produit dans les formes symboliques et allégoriques, de sorte que figure et accomplissement se " signifient " réciproquement, mais que la signification qu'ils contiennent n'exclue aucunement leur réalité » (p. 205, voir aussi p. 84 *sq.*, p. 204, et *passim*). Auerbach lie explicitement le procédé « figuratif » à la « syntaxe » (opposée dans un sens très général à la parataxe) et en fait une conquête de la littérature chrétienne. De son côté également N. Frye lie l'attitude réaliste à des procédés comme le *présage* ou la *prophétie* (*Anatomie de la critique,* Paris, Gallimard, 1969, p. 171), et L. Spitzer avait aussi noté chez Proust l'abondance des parenthèses contenant des « associations anticipantes ou rétrospectives » fonctionnant comme des « intensifications de la réalité » (*Études de style,* Paris, Gallimard, 1970, p. 412-414) ; sur le rôle « anticipatoire » de l'*exemplum,* voir K. Stierle, *art. cit.,* p. 183.

29. « L'hérédité, chez Zola, c'est une syntaxe » (M. Butor, « Introduction » au *Roman expérimental,* in Zola, *Œuvres complètes, op. cit.,* t. X, p. 1154).

30. Voir le paragraphe *e* des définitions jakobsoniennes de 1921. Voir aussi Genette, « Vraisemblance et motivation », *Figures II, op. cit.* Voir aussi la fameuse « motivation pseudo-objective » enregistrée par Spitzer à propos de Ch.-L. Philippe (*op. cit.,* p. 56), ou la « causalité fictive » relevée par R. Jakobson chez Pasternak (*art. cit.*). On sait que, pour Propp, l'insertion des motivations dans le conte merveilleux est le signe d'une rédaction tardive, plus littéraire.

31. « C'est précisément ce peu d'importance qui confère au personnage historique son poids *exact* de réalité : ce *peu* est la mesure de l'authenticité [...] Les personnages historiques réintègrent le roman comme famille, et tels des aïeuls contradictoirement célèbres et dérisoires, ils donnent au romanesque le lustre de la réalité, non celui de la gloire : ce sont des effets superlatifs de réel » (Barthes, *S/Z, op. cit.,* p. 108-109). Un procédé particulier sera de citer le nom propre historique en *même temps* que le nom propre « fictif », de faire se rencontrer ou de citer ensemble Nucingen et Rothschild, Du Bousquier et Fouché, etc. Citer un nom historiquement « plein » de sens (Napoléon, Bismarck...), mais vide de signifié narratif (ils ne « participent » pas au récit, à l'intrigue, aux aventures des personnages), forme donc, dans le discours réaliste, le pendant superlatif de la promotion du « détail insignifiant (le « baromètre » au mur, l'« acajou » des chaises de Mᵐᵉ Aubain, le « cube de savon bleu dans une assiette ébréchée » de la chambre de Félicité dans *Un cœur simple,* etc.)

32. Voir l'expérience de M. Riffaterre récrivant une page de Zola truffée de noms propres géographiques (une page de *la Débâcle*) en remplaçant des toponymes ardennais par des toponymes du Sud-Ouest (dans « L'explication des faits littéraires », *La Production du texte, op. cit.*). M.R. conclut que l'« altération de la référence du réel n'a pas menacé la mimesis du réel ». On a vu que le nom propre, avec la description et le déictique (ce dernier exclu de la communication écrite différée), étaient les trois éléments caractéristiques de l'acte de langage référentiel, pour les philosophes du langage.

33. Voir par exemple, dans *la Curée* de Zola, le financier Aristide Rougon se forgeant un nom « de guerre » : « Saccard !... avec deux c... Hein ! Il y a de l'argent dans ce nom-là ; on dirait que l'on compte des pièces de cent sous... un nom à aller au bagne ou à gagner des millions » (*Les Rougon-Macquart,* Paris, Gallimard, coll. de la Pléiade, 1960, t. I, p. 364). Voir aussi dans le *Horla* de Maupassant (texte fantastique) la scène (réaliste) d'imposition du nom au Horla (*dehors + là*). Le discours réaliste est donc, on le voit une fois de plus, essentiellement un discours d'imposition de noms, propres ou communs, car « l'absence de nom [...] provoque une déflation capitale de l'illusion réaliste » (Barthes, *S/Z, op. cit.*, p. 102), lesquels noms fonctionnent en général comme des signes introducteurs de descriptions (le portrait ou la topographie), qui ne seront, on le verra, que le « dépli » plus ou moins prévisible des noms eux-mêmes. Nous avons donc deux personnages complémentaires : le baptiseur étymologiste (qui impose un « vrai » nom, ou qui restitue la transparence ou la vérité d'un nom) et le médecin (qui restitue une transparence « génétique » ou donne un nom aux maladies ou explique des *symptômes*). Sur le nom, voir aussi J.-L. Bachellier, « Sur-Nom », *Communications,* 19, 1972.

34.Voir Jakobson, « A la recherche de l'essence du langage », *Problèmes du langage, op. cit.* Nous retrouvons là notre *réalisme II.* Sur les liens entre *diagramme* et *lisibilité,* voir J. Bertin, « La graphique », *Communications,* 15, 1970.

35. « La mimesis [se définit] par un maximum d'information et un minimum d'informateur » (Genette, *Figures III, op. cit.,* p. 187).

36. Zola écrit dans la préface de l'*Assommoir* (et on sait le rôle qu'a joué le dictionnaire d'argot de Delvau dans la rédaction du roman) : « Ma volonté était de faire un travail purement philologique, que je crois d'un vif intérêt historique et social [...]. C'est une œuvre de vérité. » Les implications exotiques restent fortes (dépaysement des différents idiomes). D'où deux procédés pour réduire cet exotisme : *a)* le commentaire explicatif (Zola dit dans la préface d'*Une page d'amour,* à propos d'un docteur, que ses « commentaires enlèveront aux mots techniques ce qu'ils ont de barbare ») ; *b)* la contamination de tout le texte par l'argot des personnages. Sur la position de ces problèmes, voir Barthes, « L'écriture

et la parole », *Le Degré zéro de l'écriture, op. cit.* Le problème du texte réaliste est un problème de raboutage (intertextualité) de fragments d'écriture (comment insérer dans le cours de mon histoire ma fiche descriptive, ma tranche d'argot technique déjà prête, déjà rédigée ?) dont il faut effacer au maximum les points de suture (c'est le rôle du vraisemblable).

37. Souvent manifesté stylistiquement sous la forme d'un pseudo-monologue au style semi-direct. On sait que la grande époque de l'utilisation du style semi-direct fut celle de l'école réaliste du XIXe siècle.

38. Pour une étude particulière de certains *topoi* et paysages types réalistes, voir notre essai *Introduction à l'analyse du descriptif, op. cit.,* p. 224 *sq.* De nombreux critiques ont remarqué en effet la fréquence des portes ouvertes, des points de vue élevés, des fenêtres, etc., qui ouvraient une suite de dénominations chez les auteurs réalistes (cf. par exemple J. Rousset à propos de Flaubert dans *Forme et Signification,* Paris, Corti, 1964, p. 123 *sq. ;* N. Schor, « Zola : from Window to Window », *Yale French Studies,* 42, 1969 ; J.-P. Richard à propos de Balzac dans *Études sur le romantisme,* Paris, Seuil, 1970). Mais le texte réaliste a non seulement le problème d'organiser et de varier les « grilles » descriptives de ses « tableaux », il doit les justifier. D'où ce problème fondamental du texte réaliste : comment résoudre les contradictions du *savoir* de la fiche du romancier et le *pouvoir voir* du personnage ? Est-il normal, par exemple, que tel personnage énumère, identifie et nomme par son regard des objets, des personnages, des plantes, distants de plusieurs kilomètres ? Le personnage de *myope* ou l'*aveugle* seraient donc exclus du texte réaliste. D'où des explications laborieuses, pour justifier la description minutieuse d'un panorama : « Elle avait ce coup d'œil exercé de matelot, cette vue longue des gens de plaine, exercée aux détails, capable de reconnaître un homme ou une bête dans la petite tache remuante de leur silhouette » (Zola, *La Terre*).

39. « Si deux fonctions qui se suivent sont remplies par des personnages différents, le second doit savoir ce qui s'est passé auparavant. Il s'est donc développé dans le conte tout un système d'information [...] Cette information prend parfois l'aspect d'un dialogue [...] Pour que le donateur puisse transmettre son objet magique, il doit *apprendre* ce qui s'est passé [...] De la même manière, l'auxiliaire magique doit connaître le malheur avant d'agir » (Propp, *op. cit.,* p. 86-88). Remarquons aussi, dans le cinéma « réaliste », l'abondance des *coups de téléphone* que se donnent les personnages. D'où aussi l'importance des *personnages* ou *lieux* « cyberné-tiques » (voir ci-dessous § 12). Barthes analysant un texte biblique (dans *Exégèse et Herméneutique,* ouvr. collectif, Paris, Seuil, 1971, p. 181 *sq.*) fait des remarques analogues : « L'originalité de ce texte [...], son ressort, n'est pas la quête, mais la communication, la " transmission " : les

personnages du récit ne sont pas des acteurs, mais bien des agents de transmission, des agents de communication et de diffusion » (p. 202). Il faudrait donc rapprocher discours réaliste (en tant que discours pédagogique) et discours religieux (en tant que discours pédagogique également).

40. Voir P. Boudon, « Sur un statut de l'objet », *Communications,* 13, 1969. Donnons un exemple, où l'on voit bien que le *travail* n'est que prétexte à dénomination : « D'un coup d'œil, elle s'était assurée que rien ne manquait plus : les broches chargées des ors différents, le rouge, le vert, le bleu ; les bobines de soies de tous les tons ; les paillettes, la canetille, bouillon ou frisure, dans le pâté, un fond de chapeau servant de boîte ; les longues aiguilles fines, les pinces d'acier, les dés, les ciseaux, la pelote de cire. Tout cela trottait sur le métier même, sur l'étoffe tendue que protégeait un fort papier gris [...] Hubert s'était mis à tendre un métier. Il avait posé les deux ensubles sur la chanlatte et sur le tréteau, bien en face, de façon à placer de droit fil la soie cramoisie de la chape, qu'Hubertine venait de coudre aux coutisses. Et il introduisait les lattes dans les mortaises des ensubles [...] Puis, après avoir trélissé à droite et à gauche, etc. » (Zola, *Le Rêve*). Remarquons : *a)* la thématique introductrice du *regard* et celle de l'*inventaire ; b)* l'effacement des personnages (réduits à un Hubert/Hubertine) (voir ci-dessous) ; *c)* le problème de *lisibilité* que pose un tel texte : inutile de dire que les appels de notes y sont très fréquents (qu'est-ce qu'une chanlatte, une canetille ?). On touche là une contradiction fondamentale (et caractéristique) du discours réaliste : *dénommer* vs. *communiquer*. Voir Barthes, « Les planches de l'*Encyclopédie* », *Le Degré zéro de l'écriture* suivi de *Nouveaux Essais critiques,* Paris, Seuil, 1972.

41. Voir Cl. Duchet, *art. cit.,* et J. Dubois, « Surcodage et protocole de lecture », *Poétique,* 16.

42. Dans *Création littéraire et Connaissance,* Paris, Gallimard, 1966, p. 52. Cette notion de sérieux est fondamentale pour la caractérisation du discours réaliste. On sait que, pendant longtemps, l'accès de certaines catégories sociales au statut de thème littéraire n'a été possible que dans les limites précises du genre *comique* : un esclave, un paysan, un artisan n'étaient tolérés en littérature que s'ils étaient ridicules ou grotesques. L'étymologie (vilain : « laid », *colonus* : clown) nous montre bien cette distanciation péjorative de l'autre social ; un paysan sérieux était donc un péché contre le genre : écart rhétorique et écart social se redoublaient (d'où les résistances au réalisme), il devait « rester à sa place ». La fascination pour le personnage du « blagueur » (comment en parler, le faire parler) est une fascination des romanciers réalistes du XIXᵉ siècle.

43. *Théorie de la littérature, op. cit.,* p. 295. Nous avons abordé ailleurs ce problème général du personnage, et notamment la distinction actant/ acteur/héros (voir notre article « Pour un statut sémiologique du person-

nage » paru dans l'ouvrage collectif *Poétique du récit,* Paris, Seuil, 1977).
Voir aussi Chklovski : « Le héros joue le rôle de la croix sur une
photographie ou du copeau sur une eau courante — il simplifie le
mécanisme de concentration de l'attention » (*Sur la théorie de la prose,*
Lausanne, L'Âge d'homme, 1973, p. 298).

44. Sur le problème de l'ambiguïté du récit, voir F. Rastier, « Les
niveaux d'ambiguïté des structures narratives », *Semiotica, III,* 4, 1971. Ce
concept d'*embrayeur d'isotopie,* comme unité-facteur de la lisibilité du
texte, nous paraît particulièrement intéressant. Il a été proposé pour la
première fois, à notre connaissance, par A.-J. Greimas et J.-C. Coquet.
Voir *Essais de sémiotique poétique,* ouvr. collectif, Paris, Larousse, 1971,
p. 18-21 et 80 *sq.*

45. Lotman lie explicitement *défocalisation* et « style réaliste » (*La
Structure du texte artistique,* p. 379).

46. *Art. cit.,* p. 319-320.

47. Quelques exemples : « Il [...] alla se planter à l'autre bout du
couloir, devant une porte vitrée qui donnait sur la mer. Là il s'oublia un
instant » (Zola, *La Joie de vivre*) ; « la fenêtre les attirait, ils s'y
accoudaient, s'y oubliaient » (*Au bonheur des dames*) ; « Étienne, qui
s'oubliait devant le brasier [...] regardait, retrouvait chaque partie de la
fosse, le hangar goudronné du criblage, le beffroi du puits, etc. »
(*Germinal*) ; « Athanase, pensivement accoudé sur la table, faisait jouer sa
cuiller dans son bol vide en contemplant d'un œil occupé cette pauvre salle
à carreaux rouges, à chaises de paille, à buffet de bois blanc, à rideaux
roses et blancs, etc. » (Balzac, *La Vieille Fille*).

48. Chez J. Verne, par exemple, tout est *mesuré* (milles marins,
longitudes et latitudes, distances terrestres et célestes, poids des machines,
portée des canons, profondeurs, taille des hommes et des choses, etc.).
D'où l'extraordinaire attirail (lochs, microscopes, longues-vues...) qui
accompagne les personnages. Sur le vocabulaire technique, voir J. Dubois,
« Les problèmes du vocabulaire technique », *Cahiers de lexicologie,* II,
1966 ; l'un des traits dominants du vocabulaire technique est sa « motivation morphologique » (cf. ci-dessus § 6). Pour Barthes, le nombre
provoque « un pur effet de réel : [il] connote emphatiquement la vérité du
fait : ce qui est précis est réputé réel » (« Analyse textuelle d'un conte d'E.
Poe », dans l'ouvrage collectif *Sémiotique narrative et textuelle,* Paris,
Larousse, 1974).

49. « Ce qu'on appelle " réel " (dans la théorie du texte réaliste) n'est
jamais qu'un code de représentation (de signification) : ce n'est jamais un
code d'exécution : *le réel romanesque n'est pas opérable* » (Barthes, *S/Z,
op. cit.,* souligné par R.B.). Sur le discours historique, voir R. Barthes,
« Le discours de l'histoire » (1967), *Poétique,* 49, 1982. Ses principales
marques (présence d'« organisateurs », de « testimoniaux », statut asser

tif, autonomisation du texte comme énoncé, discours « nappé », etc.) sont explicitement rapprochées par R.B. de celles du discours réaliste.

50. D'où le personnage type (déjà rencontré) du *bavard,* personnage qui s'élucide soi-même, qui se raconte, raconte sa propre histoire, sa volubilité servant à justifier la parenthèse informative du texte (le placement d'une biographie caractéristique, par exemple). Quelques exemples pris chez Zola : « Son existence était claire, il voulait que tout le monde la connût ; après vingt-cinq ans de service, etc. » *(Pot-Bouille)* ; « les souvenirs étaient lâchés, Claude et Sandoz ne tarirent plus [...] ce fut d'abord le collège, etc. » *(L'Œuvre)* ; « cédant au besoin de confidence des misérables, elle dit son histoire. Elle s'appelait Madame Vincent, etc. » *(Lourdes)* ; etc. Ce personnage est le complément logique du personnage *lucide,* qui « perce à jour » (nous retrouvons là nos métaphores de la transparence) les hypocrites et les dissimulés, les autres. D'où des syntagmes du genre (pris chez Balzac, *La Vieille Fille)* : « Un regard jeté par le jeune homme [...] porta dans l'âme du chevalier une lueur subite. Cet éclair lui permit d'entrevoir tout le passé » ; « l'abbé de Sponde pénétra l'un des premiers les malheurs secrets que ce mariage devait apporter dans la vie intime de sa nièce bien-aimée » ; « le grand-vicaire devina Du Bousquier » ; « le chevalier, si expert en amour, devina Du Bousquier marié comme il avait deviné Du Bousquier garçon » ; « le Chevalier avait, par un seul regard, deviné », etc. Psychologiquement, on pourrait donc dire que le personnage réaliste ne dispose d'aucune intimité, et que le secret sous toutes ses formes est le thème romanesque exclu par définition de ce type de discours. Dans le rôle du personnage lucide, on retrouvera inévitablement le personnage du *médecin* (lecteur type de symptômes) ou celui du *prêtre.* Notons que, chez Zola, médecin et prêtre apparaissent toujours ensemble, couple stéréotypé culturellement (médecin des âmes + médecin des corps).

51. « Alors que les phrases pressent le " déroulement " de l'histoire et ne peuvent s'empêcher de conduire, de déplacer cette histoire, le code herméneutique exerce une action contraire : il doit disposer dans le flux du discours des *retards* (chicanes, arrêts, dévoiements) [...] il oppose à l'avancée inéluctable du langage un jeu échelonné d'arrêts : c'est, entre la question et la réponse, tout un espace dilatoire, dont l'emblème pourrait être la " réticence ", cette figure rhétorique qui interrompt la phrase, la suspend et la dévie » (Barthes, *S/Z, op. cit.,* p. 81-82). Les « fiches informatives » suivent immédiatement, souvent, l'apparition d'un nom propre, et s'encadrent volontiers entre l'« asémantème » (le nom propre) et le « détail » physique et biographique le plus « précis », le plus « plein de sens » (le canif, les éperons) : « Écoutez, Favier, [...] disait-il à l'autre, un grand garçon bilieux, sec et jaune, qui était né à Besançon d'une famille de tisserands et qui, sans grâce, cachait sous un air froid une volonté inquiétante » *(Au bonheur des dames)* ; « êtes-vous folle, Juliette, murmura Mlle Aurélie, la dame âgée, une vieille amie pauvre qui l'avait vue

naître » *(Une page d'amour)* ; « Liébard, le fermier de Toucques, petit et rouge, obèse, portant une veste grise et des houseaux armés d'éperons » *(Un cœur simple)* ; « Guyot, un pauvre diable employé à la Mairie, fameux pour sa belle main, et qui repassait son canif sur sa botte » *(Un cœur simple)*.

52. Sur la « coupure » (de presse, d'Histoire...), voir A. Jolles, *Formes simples*, trad. fr., Paris, Seuil, 1972, p. 166. Jolles fait du *Mémorable* l'une de ses « formes simples » de base, et le définit ainsi : « le Mémorable est la forme la plus familière à l'époque moderne : du moment qu'on a saisi l'univers comme une collection ou comme un système de réalités effectives, le Mémorable est le moyen de fractionner cet univers indifférencié, d'y faire des différences, de le rendre concret » (p. 169-170). De nombreux analystes ont souligné ce discontinu du texte réaliste : voir les discussions de Thibaudet et de Proust sur les « et » et les « tandis que » de Flaubert, celles de Spitzer sur le « discontinu » de la parenthèse proustienne, les remarques des stylisticiens sur la « phrase en éventail » impressionniste, les inquiétudes de Stendhal sur le « style » « heurté » ou « haché » du *Rouge et le Noir,* les remarques de Jakobson sur la « dispersion » du héros métonymique dans la prose de Pasternak, et les critiques adressées par Zola à Stendhal (dans *les Romanciers naturalistes)* sur les « sautes », les « crochets » de ses personnages. Pour un clair exposé des procédés d'écriture impressionnistes, voir J. Dubois, *Romanciers français de l'instantané au XIXᵉ siècle,* Bruxelles, 1963. Quant à Lévi-Strauss, il fait du « cycle bref » (par rapport aux cycles longs du mythe) une caractéristique du texte littéraire et romanesque moderne (*Mythologiques,* t. III, *L'Origine des manières de table,* Paris, Plon, 1968, p. 92 *sq.* : « Le train quotidien »). Il faudrait ici relire les prosaïques « dizains » de F. Coppée, brèves notations de « choses vues », qui fascinaient tant Verlaine et Rimbaud. D'où, encore une fois, l'importance compensatoire des personnages *mobiles* (badauds, promeneurs, visiteurs mondains, etc.) destinés à la fois à multiplier les descriptions et à les relier (technique picaresque), et celle de son analogue stylistique, la *comparaison circulaire* (l'église bourgeoise sera comparée à une alcôve, l'alcôve à une église, l'église au boudoir de la bourgeoise, le boudoir à un théâtre, le théâtre à une église, etc.), mise en œuvre pour décloisonner les champs métaphoriques du texte et restituer au discours, émietté dans sa mosaïque de savoirs ou de jargons techniques juxtaposés, une certaine homogénéité : « Par une figure de style invariable, on affirme la solidarité du système morcelé avec le grand Tout » (G. Bachelard, *La Formation de l'esprit scientifique, op. cit.,* p. 219). Le Mythe, l'Histoire, l'Hérédité seront là souvent pour récupérer cohésion et homogénéité.

53. Dans notre *Introduction à l'analyse du descriptif (op. cit.).*

Table

Tzvetan Todorov, *Présentation*   7

Ian Watt, *Réalisme et forme romanesque*   11

Leo Bersani, *Le réalisme et la peur du désir*   47

Roland Barthes, *L'effet de réel*   81

Michael Riffaterre, *L'illusion référentielle*   91

Philippe Hamon, *Un discours contraint*   119

IMPRIMERIE HÉRISSEY À ÉVREUX (12-06)
DÉPOT LÉGAL : SEPTEMBRE 1982. N° 6236-7 (103589)

Collection Points

SÉRIE ESSAIS

DERNIERS TITRES PARUS

414. Droit constitutionnel, 2. Les démocraties
     par Olivier Duhamel
415. Droit humanitaire, *par Mario Bettati*
416. La Violence et la Paix, *par Pierre Hassner*
417. Descartes, *par John Cottingham*
418. Kant, *par Ralph Walker*
419. Marx, *par Terry Eagleton*
420. Socrate, *par Anthony Gottlieb*
421. Platon, *par Bernard Williams*
422. Nietzsche, *par Ronald Hayman*
423. Les Cheveux du baron de Münchhausen
     par Paul Watzlawick
424. Husserl et l'Énigme du monde, *par Emmanuel Housset*
425. Sur le caractère national des langues
     par Wilhelm von Humboldt
426. La Cour pénale internationale, *par William Bourdon*
427. Justice et Démocratie, *par John Rawls*
428. Perversions, *par Daniel Sibony*
429. La Passion d'être un autre, *par Pierre Legendre*
430. Entre mythe et politique, *par Jean-Pierre Vernant*
431. Entre dire et faire, *par Daniel Sibony*
432. Heidegger. Introduction à une lecture, *par Christian Dubois*
433. Essai de poétique médiévale, *par Paul Zumthor*
434. Les Romanciers du réel, *par Jacques Dubois*
435. Locke, *par Michael Ayers*
436. Voltaire, *par John Gray*
437. Wittgenstein, *par P.M.S. Hacker*
438. Hegel, *par Raymond Plant*
439. Hume, *par Anthony Quinton*
440. Spinoza, *par Roger Scruton*
441. Le Monde morcelé, *par Cornelius Castoriadis*
442. Le Totalitarisme, *par Enzo Traverso*
443. Le Séminaire Livre II, *par Jacques Lacan*
444. Le Racisme, une haine identitaire, *par Daniel Sibony*
445. Qu'est-ce que la politique ?, *par Hannah Arendt*
447. Foi et Savoir, *par Jacques Derrida*
448. Anthropologie de la communication, *par Yves Winkin*
449. Questions de littérature générale
     par Emmanuel Fraisse et Bernard Mouralis
450. Les Théories du pacte social, *par Jean Terrel*

451. Machiavel, *par Quentin Skinner*
452. Si tu m'aimes, ne m'aime pas, *par Mony Elkaïm*
453. C'est pour cela qu'on aime les libellules
     par Marc-Alain Ouaknin
454. Le Démon de la théorie, *par Antoine Compagnon*
455. L'Économie contre la société
     par Bernard Perret, Guy Roustang
456. Entretiens de Francis Ponge avec Philippe Sollers
     par Philippe Sollers - Francis Ponge
457. Théorie de la littérature, *par Tzvetan Todorov*
458. Gens de la Tamise, *par Christine Jordis*
459. Essais sur le Politique, *par Claude Lefort*
460. Événements III, *par Daniel Sibony*
461. Langage et Pouvoir symbolique, *par Pierre Bourdieu*
462. Le Théâtre romantique, *par Florence Naugrette*
463. Introduction à l'anthropologie structurale
     par Robert Deliège
464. L'Intermédiaire, *par Philippe Sollers*
465. L'Espace vide, *par Peter Brook*
466. Étude sur Descartes, *par Jean-Marie Beyssade*
467. Poétique de l'ironie, *par Pierre Schoentjes*
468. Histoire et Vérité, *par Paul Ricoeur*
469. Une charte pour l'Europe
     Introduite et commentée par Guy Braibant
470. La Métaphore baroque, d'Aristote à Tesauro, *par Yves Hersant*
471. Kant, *par Ralph Walker*
472. Sade mon prochain, *par Pierre Klossowski*
473. Freud, *par Octave Mannoni*
474. Seuils, *par Gérard Genette*
475. Système sceptique et autres systèmes, *par David Hume*
476. L'Existence du mal, *par Alain Cugno*
477. Le Bal des célibataires, *par Pierre Bourdieu*
478. L'Héritage refusé, *par Patrick Champagne*
479. L'Enfant porté, *par Aldo Naouri*
480. L'Ange et le Cachalot, *par Simon Leys*
481. L'Aventure des manuscrits de la mer Morte
     par Hershel Shanks (dir.)
482. Cultures et Mondialisation
     par Philippe d'Iribarne (dir.)
483. La Domination masculine, *par Pierre Bourdieu*
484. Les Catégories, *par Aristote*
485. Pierre Bourdieu et la théorie du monde social
     par Louis Pinto
486. Poésie et Renaissance, *par François Rigolot*
487. L'Existence de Dieu, *par Emanuela Scribano*
488. Histoire de la pensée chinoise, *par Anne Cheng*
489. Contre les professeurs, *par Sextus Empiricus*

490. La Construction sociale du corps, *par Christine Detrez*
491. Aristote, le philosophe et les savoirs
     par Michel Crubellier et Pierre Pellegrin
492. Écrits sur le théâtre, *par Roland Barthes*
493. La Propension des choses, *par François Jullien*
494. La Mémoire, l'Histoire, l'Oubli, *par Paul Ricœur*
495. Un anthropologue sur Mars, *par Oliver Sacks*
496. Avec Shakespeare, *par Daniel Sibony*
497. Pouvoirs politiques en France, *par Olivier Duhamel*
498. Les Purifications, *par Empédocle*
499. Panorama des thérapies familiales
     collectif sous la direction de Mony Elkaïm
500. Juger, *par Hannah Arendt*
501. La Vie commune, *par Tzvetan Todorov*
502. La Peur du vide, *par Olivier Mongin*
503. La Mobilisation infinie, *par Peter Sloterdijk*
504. La Faiblesse de croire, *par Michel de Certeau*
505. Le Rêve, la Transe et la Folie, *par Roger Bastide*
506. Penser la Bible, *par Paul Ricoeur et André LaCocque*
507. Méditations pascaliennes, *par Pierre Bourdieu*
508. La Méthode
     5. L' humanité de l' humanité, *par Edgar Morin*
509. Élégie érotique romaine, *par Paul Veyne*
510. Sur l'interaction, *par Paul Watzlawick*
511. Fiction et Diction, *par Gérard Genette*
512. La Fabrique de la langue, *par Lise Gauvin*
513. Il était une fois l'ethnographie, *par Germaine Tillion*
514. Éloge de l'individu, *par Tzvetan Todorov*
515. Violences politiques, *par Philippe Braud*
516. Le Culte du néant, *par Roger-Pol Droit*
517. Pour un catastrophisme éclairé, *par Jean-Pierre Dupuy*
518. Pour entrer dans le XXIe siècle, *par Edgar Morin*
519. Points de suspension, *par Peter Brook*
520. Les Écrivains voyageurs au XXe siècle, *par Gérard Cogez*
521. L'Islam mondialisé, *par Olivier Roy*
522. La Mort opportune, *par Jacques Pohier*
523. Une tragédie française, *par Tzvetan Todorov*
527. L'Oubli de l'Inde, *par Roger-Pol Droit*
528. La Maladie de l'Islam, *par Abdelwahab Meddeb*
529. Le Nu impossible, *par François Jullien*
530. Le Juste 1, *par Paul Ricœur*
531. Le Corps et sa danse, *par Daniel Sibony*
532. Schumann. La Tombée du jour, *par Michel Schneider*
532. Mange ta soupe et… tais-toi !, *par Michel Ghazal*
533. Jésus après Jésus, *par Gérard Mordillat et Jérôme Prieur*
534. Introduction à la pensée complexe, *par Edgar Morin*
535. Peter Brook. Vers un théâtre premier, *par Georges Banu*

536. L'Empire des signes, *par Roland Barthes*
539. En guise de contribution à la grammaire
et à l'étymologie du mot «être», *par Martin Heidegger*
540. Devoirs et délices, *par Tzvetan Todorov*
541. Lectures 3, *par Paul Ricœur*
542. La Damnation d'Edgar P. Jacobs
par Benoît Mouchart et François Rivière
543. Nom de dieu, *par Daniel Sibony*
544. Les Poètes de la modernité. De Baudelaire à Apollinaire,
par Jean-Pierre Bertrand et Pascal Durand
545. Souffle-Esprit, *par François Cheng*
546. La Terreur et l'Empire, *par Pierre Hassner*
547. Amours plurielles. Doctrines médiévales du rapport
amoureux de Bernard de Clairvaux à Bocace
par Ruedi Imbach et Inigo Atucha
548. Fous comme des sages
par Roger-Pol Droit et Jean-Philippe de Tonnac
549. Souffrance en France, *par Christophe Dejours*
550. Petit Traité des grandes vertus, *par André Comte-Sponville*
551. Du mal/Du négatif, *par François Jullien*
552. La Force de conviction, *par Jean-Claude Guillebaud*
553. La Pensée de Karl Marx, *par Jean-Yves Calvez*
554. Géopolitique d'Israël
par Frédérique Encel, François Thual
555. La Méthode 6, *par Edgar Morin*
556. Hypnose mode d'emploi, *par Gérard Miller*
557. L'Humanité perdue, *par Alain Finkielkraut*
558. Une saison chez Lacan, *par Pierre Rey*
559. Les Seigneurs du crime, *par Jean Ziegler*
560. Les Nouveaux Maîtres du monde, *par Jean Ziegler*
561. L'Univers, les Dieux, les Hommes
par Jean-Pierre Vernant
562. Métaphysique des sexes, *par Sylviane Agacinski*
563. L'Utérus artificiel, *par Henri Atlan*
564. Un enfant chez le psychanalyste, *par Patrick Avrane*
565. La Montée de l'insignifiance, Les Carrefours du labyrinthe IV
par Cornelius Castoriadis
566. L'Atlantide, *par Pierre Vidal-Naquet*
567. Une vie en plus, *par Joël de Rosnay,*
Jean-Louis Servan-Schreiber, François de Closets,
Dominique Simonnet
568. Le Goût de l'avenir, *par Jean-Claude Guillebaud*
569. La Misère du monde, *par Pierre Bourdieu*
570. Éthique à l'usage de mon fils, *par Fernando Savater*
571. Lorsque l'enfant paraît t. 1, *par Françoise Dolto*
572. Lorsque l'enfant paraît t. 2, *par Françoise Dolto*
573. Lorsque l'enfant paraît t. 3, *par Françoise Dolto*